La ingeni

La ingeniería del *big data*
Cómo trabajar con datos

Juan José López Murphy
Gonzalo Zarza

EDITORIAL UOC

Director de la colección Manuales (Tecnología): Antoni Pérez

Diseño de la colección: Editorial UOC
Diseño de la cubierta: Natàlia Serrano

Primera edición en lengua castellana: octubre 2017

Rambla del Poblenou, 156
08018 Barcelona
http://www.editorialuoc.com

Realización editorial: dâctilos
Impresión: Prodigitalk

ISBN: 978-84-9180-003-3
DL: B 24751-2017

Autores

Juan José López Murphy

Ingeniero Industrial del Instituto Tecnológico de Buenos Aires (ITBA). Ha dictado en el ITBA cursos de grado de dinámica de sistemas, marketing y simulación. Ha desarrollado consultorías para empresas en simulación de eventos discretos, dinámica de sistemas y modelos basados en agentes desde su centro de investigación. También ha dictado cursos para empresas sobre metodologías de pronóstico aplicadas a la cadena de suministros y planificación de demanda.

En 2014 se unió al departamento de *big data* de la empresa Globant, donde se ha abocado al liderazgo de proyectos enfocados a la ciencia de datos y aplicaciones de la computación cognitiva. Actualmente es director de tecnología del área de inteligencia artificial y lidera proyectos para clientes de la industria financiera, logística mundial y de *e-learning*, entre otros.

Gonzalo Zarza

Doctor en Computación de Altas Prestaciones por la Universidad Autónoma de Barcelona (UAB). Su trabajo de investigación se ha centrado en la tolerancia a fallos y en redes de interconexión de alta velocidad para sistemas de cómputo de altas prestaciones. Ha ejercido como docente en la Escuela de Ingeniería de la UAB, dictando cursos de grado sobre arquitectura de computadoras y sistemas operativos, así como cursos de posgrado sobre modelado y simulación, y computadoras y arquitecturas paralelas. Desde el 2016 imparte las asignaturas de *big data* en las maestrías en Dirección estratégica de la información, y en Informática y comunicaciones de la Universidad Argentina de la Empresa (UADE).

En 2012 se unió al departamento de *big data* de la empresa Globant, donde actualmente se desempeña como director de tecnología y líder de la práctica de arquitectura de datos liderando equipos en Estados Unidos, Europa y América Latina.

A mi esposa Gaby Prandi, quien me permitió ser todo lo que soy, por su apoyo, contención y comprensión, y a todos mis gatos por su permanente compañía. A mi familia, que siempre ha confiado en mí más que yo mismo.

Juan José López Murphy

A mi familia, por acompañarme incondicionalmente en cada paso, por brindarme todo el cariño y apoyo del mundo, y por inspirarme a dar siempre lo mejor de mí. A Giuliana, mi compañera de aventuras, por mostrarme el camino y estar a mi lado día a día.

Gonzalo Zarza

Índice general

Agradecimientos

Agradecimiento general

Este libro no hubiese sido posible sin un gran número de personas que nos han abierto puertas, brindado oportunidades y permitido explorar nuestro oficio. Particularmente, queremos expresar nuestro agradecimiento a Germán Mailing, Alejandro de la Viña, Tomás Tecce, Sabina Schneider e Ignacio Soubelet por muy largas charlas, intercambios y discusiones que nos ayudaron a darle forma a varias de las ideas plasmadas en este libro. También a Matías Boix y Javier Minhondo, que nos han dado la libertad de explorar diferentes propuestas de valor frente a clientes, tanto internos como externos, y siempre nos han apoyado con total confianza.

Juan José López Murphy

Además de mi esposa, debo agradecer a mi familia por apoyarme y ayudarme a superar, así sea parcialmente, mi característico «síndrome del impostor». A la memoria de Roberto García por su pasión por la estadística, Andrés Agres por abrirme la puerta al mundo de la dinámica de sistemas y los modelos de simulación aplicados a la toma de decisiones, y la memoria de Albert Freixa por hacerme descubrir el amor a la filosofía rigurosa. También Sabina Scheider, quien me abrió muchas puertas en Globant y con su amistad y mentoría me ha inspirado a creer en mi potencial, así como los muchos amigos en Globant de quien aprendo a diario. Matías Boix, Javier Minhondo, Alejandro Galeano, Victor Sánchez y mi coautor Gonzalo por la amistad y el equipo de trabajo al que con mucho orgullo pertenezco.

Gonzalo Zarza

A todos aquellos con los que he compartido innumerables vivencias, charlas y amistad en Formosa, Santa Fe, Barcelona y Buenos Aires. A Daniel Franco, Emilio Luque y Dolores Rexachs por su guía durante los años de doctorado en la UAB. A Álvaro Chalar y Hayden Stainsby por su amistad y las incontables charlas de tren regresando a casa, donde surgieron algunas de las ideas de este libro. A mis amigos en Globant. A Sabina Schneider, amiga, mentora y consejera que desde el primer momento me abrió las puertas en Globant y aún me acompaña en este camino. Y al gran grupo de amigos con el que trabajo y me río todos los días: Matías Boix, Javier Minhondo, Alejandro Galeano, Víctor Sánchez, y Juan José, quien se embarcó junto a mí en esta empresa literaria sin dudarlo ni un segundo.

Prefacio

Este libro pretende transformarse en un faro de ayuda para las empresas e instituciones que están transitando hacia un proceso de transformación digital con la intención de incorporar y desarrollar una cultura de toma de decisiones basadas en datos (normalmente entendido como *data driven*) a partir de la ingeniería y ciencia de los macrodatos (*big data*).

Actualmente, el mayor desafío al que se enfrentan las organizaciones que empiezan a transitar hacia una transformación digital es articular aquellos procesos y herramientas (cultura y tecnología, respectivamente) que les permitan desarrollar su lógica de negocios desde un modelo basado en la intuición hacia un modelo de toma de decisiones basado en hechos, datos e información específicamente curados y orientados a su contexto institucional y de negocio.

La manera de asegurarse el enfoque práctico en las empresas actuales se materializa en comenzar a tener en cuenta de forma permanente qué decisiones de negocio, qué nuevos descubrimientos y qué modos de actuar basados en las conclusiones se pueden tomar y considerar, siendo esa la tensión creativa que mantiene alineados y direccionados todos los elementos de análisis. Los métodos y tecnologías son medios para lograr el resultado de negocio.

¿Por qué me importan los macrodatos? ¿Cómo los aprovecho en mi negocio? ¿Qué errores podría cometer? Este libro es la guía para responder a estas preguntas.

Parte I

Bienvenidos al mundo de los datos

Capítulo 1

Introducción

Introducción

Este capítulo constituye una explicación de nuestra motivación y nuestro objetivo con el presente material, para de esa manera poder entender cada una de las siguientes secciones como etapas o iteraciones en las cuales se va desarrollando de forma incremental la manera de entender y realizar los proyectos como conductos del enfoque y del paradigma basado en datos.

1.1. Motivación

En el momento de presentar, comentar o explicar aquello a lo que nos dedicamos, es común que nos encontremos con algunos puntos y preguntas particulares, desde el usual «¿qué es el *big data*?» (cuya respuesta desarrollamos en el capítulo 4) hasta un complejo «¿por qué *big data*?» o «¿por qué motivo debería interesarme invertir en eso?».

Normalmente, los intercambios más fructíferos ocurren cuando existen suficientes conocimientos compartidos como para poder entendernos utilizando los mismos términos y el mismo lenguaje. También es enriquecedor que exista una diferencia de perspectiva que permita crear ideas y propiciar cambios significativos.

Las perspectivas complementarias son necesarias para que el mensaje represente un terreno suficientemente conocido como para que no sea tan lejano de la zona de confort y, por tanto, que no sea rechazado o que despierte resistencia; pero tampoco debe ser tan evidente para el interlocutor como para que no genere una señal particular entre todo el «ruido de fondo».

El lenguaje común, por su parte, se ve entorpecido por la dinámica de publicación de artículos, la constante reinvención de términos de moda (*buzzwords*) para resaltar el contenido propio o diferenciarse, o simplemente por errores de concepto. Aun cuando se utilizan las mismas palabras, estas pueden referirse a distintos conceptos. Algunos ejemplos son los términos *data driven*, *big data*, *business intelligence*, *data science*, *data engineering*, *analytics* y otros que el lector puede asociar. Estos términos suelen estar mal definidos o mal demarcados y pueden resultar confusos; sin embargo, como parte de la dinámica de diferenciación y relevancia por ofuscación, sus principales promotores y usuarios no especifican —adrede— las diferencias entre ellos, dejando a los esfuerzos de marketing el terreno llano para marcar diferenciaciones espurias. Estas dinámicas de mercado refuerzan la permanencia de la brecha entre interlocutores.

En este contexto de coordinación fundamental como son los modelos basados en el mundo de los datos, es exponencialmente más peligrosa la creencia en un acuerdo común o un compromiso basado en expectativas dispares que la no concordancia debida a diferencias conceptuales. Entendiendo los sistemas sociotécnicos desde una perspectiva de dinámica de sistemas, entendemos que las no linealidades, las demoras entre causa y efecto y las retroalimentaciones poseen un carácter determinante en el comportamiento de los sistemas. Basado en ello, podemos parafrasear a Senge y pensar que la solución adecuada para el problema equivocado solo generará los problemas nuevos del mañana [Sen07, cap. 4, pág. 77]. Es por esto que no podemos descuidar los aspectos de definiciones, coordinación y comunicación.

Al exponer nuestra visión y nuestro entendimiento sobre estos términos no pretendemos definir un estándar único que defina la práctica, sino una posición explícita, fundamentada y clara sobre la cual se pueda construir para detectar discordancias de forma temprana, así como para ayudar a consolidar los puentes necesarios.

En este libro intentamos definir, acordar y comunicar, pero también ofrecer nuestra perspectiva sobre cómo abordar los problemas usuales, cuáles son los escollos que se encuentran comúnmente en los proyectos y cuántos de estos términos interactúan entre sí de una manera integrada como una entidad orgánica.

Capítulo 2

Fundamentos en la evidencia

Introducción

Esta capítulo consiste en una exposición y una propuesta del entendimiento de un «fundamento en los datos», es decir, de la interacción entre datos, la información y el conocimiento no como un destilado en etapas, sino como un proceso generativo y retroalimentado dependiente del marco de referencia.

2.1. El germen del *data driven*

La idea del fundamento en datos (o *data driven*) como concepto, como paradigma, provoca varios miedos y suposiciones, en el sentido de que lleva a una nueva manera de hacer las cosas. Un territorio sin un mapa incomoda a muchos, especialmente si sienten que su valor está siendo disputado.

Data driven no significa «decisiones automáticas», ni implica remover la creatividad, ni la pérdida de libertades y op-

Figura 2.1. ¿Puedes ver los triángulos? La idea del *gestalt* es que, aun cuando «no están ahí», vemos o creamos totalidades en lugar de colecciones de partes.

ciones. Definitivamente no significa el reemplazo del trabajo actual. En realidad, significa lo opuesto. Significa tener la posibilidad de saber cuáles son las opciones, qué «otra cosa» está disponible; es dejar de perder el tiempo recabando y construyendo datos necesarios pero incompletos, y tener tiempo para lo que realmente agrega valor, que es pensar con y sobre los datos; es tener la opción de ensayar innovaciones de manera veloz, de aprender y de cambiar, y tener a nuestra disposición todos los elementos necesarios que encienden la creatividad y la innovación de comprender un *todo gestáltico* (figura 2.1)[1], el panorama que ocasionará el cambio profundo. Significa tener una imagen clara del pasado y del presente para reconocer tendencias y cambios verdaderos, significa evaluar y explorar los propios criterios para exponer los sesgos. Significa poder ver el bosque, pero a la vez el árbol, sin deslumbrarse con las apariencias.

[1]Fuente: G. Kanizsa (1955). «Margini quasi-percettivi in campi con stimolazione omogenea». *Rivista di Psicologia* (49 (1), págs. 7-30).

2.2. Los datos engendran información, conocimiento y más datos

Un entendimiento tradicional de la relación entre estas tres entidades consta como se observa en la figura 2.2.

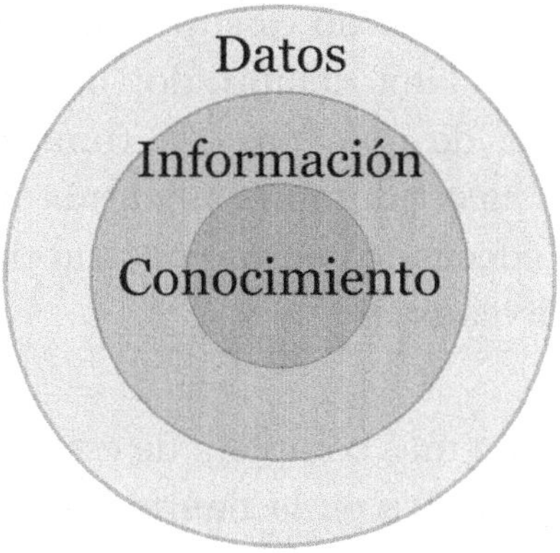

Figura 2.2. Núcleos tradicionales desde los datos al conocimiento

El mensaje implícito es que cada zona representa el núcleo, o destilado, del anterior, incluso con alguna referencia al nivel de valor en función a la proximidad al centro.

De esta manera, la información es el resultado de *digerir* los datos y después obtener el valor central de ellos. A la vez, el conocimiento surge al *trascender* la información particular, conjugándola con otra información para obtener su núcleo.

Consideramos que este enfoque es incorrecto, principalmente por dos motivos:

- El flujo del proceso no es unidireccional. La información modifica la forma de recabar y procesar los datos. El conocimiento afecta a la manera de utilizar e interpretar la información, así como a la consideración de relevancia de las fuentes de datos. Este grafo de consecuencias se retroalimenta.

- Siempre existe un contrapunto entre nivel de detalle y capacidad de generalidad, donde los datos tienen el mayor nivel de detalle y, el conocimiento, la mayor generalidad posible. Uno no es superior al otro, salvo en un contexto o uso bien delimitado; por ejemplo, el conocimiento sirve de guía para la toma de decisiones en entornos de incertidumbre, mientras que los datos resultan más adecuados en la construcción de modelos y búsquedas de causas.

Una representación más completa de estas relaciones se conformaría como se muestra en la figura 2.3.

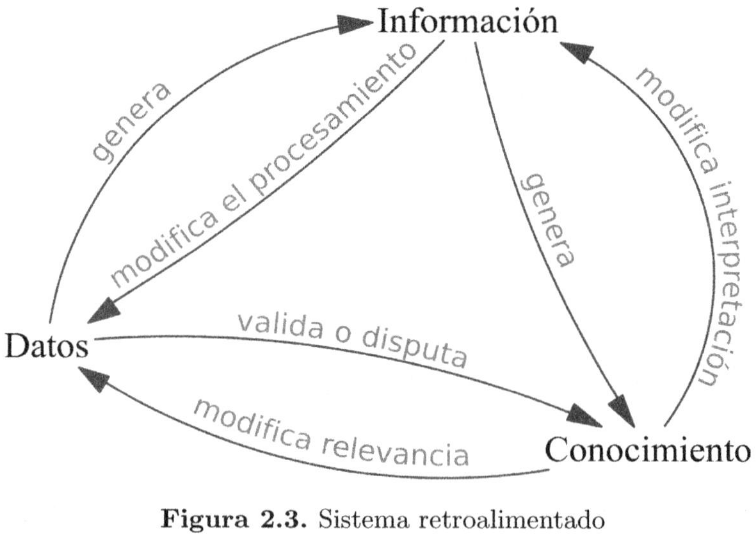

Figura 2.3. Sistema retroalimentado

2.3. Datos, información y conocimiento

Las entidades a las que nos estamos refiriendo se usan de demasiadas maneras como para poder basarnos en un significado vulgar o corriente. Es por esto mismo que creemos conveniente dar una definición específica (o *técnica contextual*), que al no ser taxativa o normativa no delimita su uso y su significado a un nivel de ontología. El objetivo es ganar claridad y uso común al exponer los supuestos o enfoques del concepto.

Una primera aproximación para esta tarea es por medio de analogías que nos permitan explorar la relación entre los términos. Una posibilidad es la analogía del bosque.

En el bosque, los datos son los árboles, es decir, cada árbol de manera individual con su posición, su genealogía, su estado y otras características (*«features»*). Cuando tenemos una colección de árboles, tenemos el bosque. Ya miremos el conjunto de árboles o el detalle particular de algún árbol, la unidad básica en la cual registramos y manipulamos los elementos es el árbol, el dato.

La información se puede representar como los caminos dentro del bosque, las zonas, los claros, las densidades, la orientación cardinal. Estas propiedades se desprenden de cómo interpretamos la posición de los árboles en su conjunto para entender las diferencias, aquellas vías que resultan demasiado angostas o anchas, el *locus* por el cual delimitamos la pertenencia y forma del bosque. No es solamente un nivel de abstracción o agregación (en el sentido de sistemismo emergentista) mayor, sino que es un nivel de abstracción interpretado, que lo vuelve *contingente*, es decir, distintas personas lo considerarán de una manera diferente. La noción de un camino «amplio» variará, y más si consideramos la diferencia entre atravesarlo solo a pie o con un vehículo para varias personas. Por lo tanto, tiene relación con cómo adaptamos e interpretamos los datos de acuerdo a nuestra perspectiva.

El conocimiento, en esta analogía, se podría referir a cuál es el mejor camino que tomar para cruzar el bosque, qué zonas son las más aptas para tomar fotografías, dónde buscar los árboles con propiedades medicinales, el motivo por el cual cierto tipo de árboles crecen en una zona del bosque y no en otra, si hay algún momento en que no sea conveniente adentrarse en el mismo, o por qué motivo adentrarse en el bosque.[2]

A continuación mostramos algunas propiedades para entender cuándo se está haciendo referencia a estos conceptos.

Datos

Normalmente hace referencia a la unidad mínima de valor respecto del análisis que puede tener un sentido completo. Es equivalente al *punto* en nuestro espacio relevante. Es el elemento más *crudo* de que disponemos y que será consumido por el proceso de análisis. En cuanto a sus características podemos nombrar las siguientes:

- Origen: fuente y referencia de adquisición de cada valor, así como el medio para obtenerlo.
- Tipo: semántica del valor representado, sea este texto, número, posición, código, imagen, sonido, dirección, etc.

[2]Nótese que no estamos utilizando el concepto de «conocimiento» entendido como «creencia cierta justificada», dado que más que referirnos a este término en sentido abstracto y absoluto, nos interesa la vinculación con las otras dos entidades: dato e información. En ese sentido, concordamos con la visión de que «todos los modelos están equivocados, pero algunos son útiles».

- Granularidad: nivel de agregación, discretización, intervalo de valores posibles, temporalidad de la referencia, etc.
- Estructura: forma de representación del dato, ya sea valor simple, documento o multimedia.
- Incertidumbre/error: nivel de certeza sobre la corrección o precisión del dato y del error de medición.
- Calidad: valoración conjunta de atributos de origen, confiabilidad y usabilidad del dato.

Información

Tiene valor de referencia como propiedad agregada de los datos, pero tiene sentido solo como producto, como salida (o *output*) de un proceso. Es el resultado de las operaciones que se han realizado sobre los datos, con su ganancia de generalidad y pérdida de detalle asociada. Sus características pasan a depender del proceso utilizado, del dominio y de la interpretación:

- Nivel de incertidumbre: variabilidad implícita que se esconde luego de las operaciones de agregación, y que modifica la percepción de precisión del valor puntual.
- Rango de validez: intervalo o conjunto de pertenencia donde el valor tiene sentido, como edades numéricas positivas, nombres alfabéticos, etc.
- Valor de referencia: elemento que permite una valoración rápida de la información, como ser de edad adulta para entender la edad de un niño, una raíz latina para

comprender la normalidad de un nombre o la estructura de un código para detectar un dato corrupto.

- Alcance o ámbito: frontera más allá de la cual la información carece de sentido y aplicación.
- Dominio de pertenencia: base teórica o técnica por la cual la interpretación de la medición tiene sentido. Puede ser biológica, económica, social, etc.
- Hipótesis implícitas: un promedio aritmético implica que son cantidades escalares (no multiplicativas).
- Connotación: como bueno/malo, deseable o no... se trata de un estigma clasificatorio.

Conocimiento

Abstracción conceptual que regula el proceso instaurado para transformar los datos en información. Instruye la manera de consumir y explotar los datos por medio de un proceso. Es indivisible de la lógica de contexto (o de negocio) y objetivo a alto nivel. Se refiere al grado de generalización conceptual donde existe un equilibrio entre su aplicabilidad y su entendimiento de matices.

- Generalización: capacidad de mantener su validez frente a datos e informaciones no contempladas en su generación.
- Perspectiva: todo conocimiento posee una estructura de interrelaciones con otros conocimientos, bases teóricas y experiencias, lo que representa un recorte de la realidad interpretada.

- Eficacia: la información condensada en conocimiento posee expectativas sobre sus valores y puntos de apalancamiento sobre los que se debería actuar para modificar la información.

- Propósito: existe un objetivo asociado al conocimiento que regula la manera de transformar los datos en información.

Una forma general de entender la relación entre estos elementos implica que debe poder adaptarse a distintos usuarios, y cada uno de ellos, debido a su visión particular, los dispondrá en un nivel de abstracción diferente. Lo que para uno es información puede ser el dato para el siguiente eslabón.

Debido a ello, definimos que con un sistema considerado, el dato será la materia prima cruda proveniente de una fuente externa al sistema, la información se considerará como el *output* de un proceso aplicado al dato, y el conocimiento funcionará como abstracción de negocio, como catalizador y regulador de este sistema, determinando la fuente, el proceso, la puesta en marcha y el destino (o salida del sistema y consiguiente consumo) de la información.

Dependiendo del aspecto en que me esté concentrando (arquitectura total, ingesta, almacenado, *warehouse*, visualización y *reporting* o modelo predictivo) así como el nivel de agregación (o equilibrio entre detalle y generalidad), la entidad a considerarse como dato, información y conocimiento será diferente. El conocimiento en un sistema es la información en otro y tal vez el dato en un tercero. El diagrama 2.4 muestra un esquema de este concepto, considerando solamente las fronteras del sistema observado.

En algunas taxonomías se incluye un cuarto término, sabiduría. Aun cuando algunas referencias lo ubican como el paso

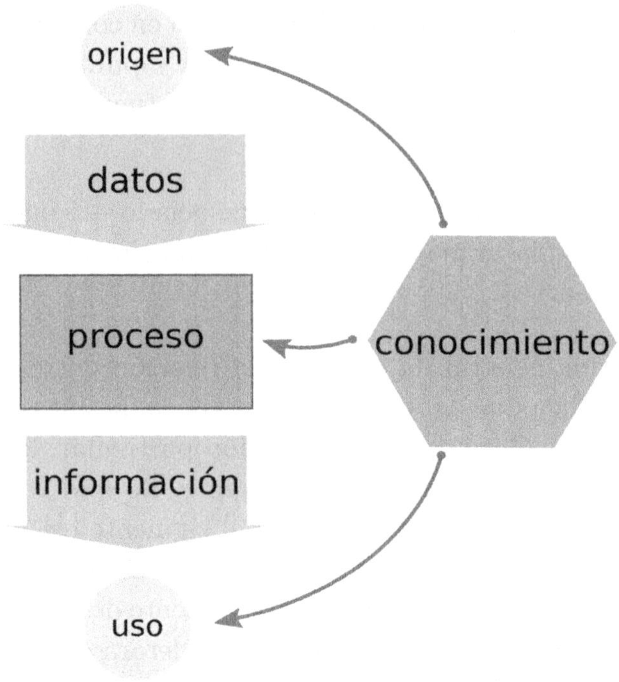

Figura 2.4. Sistema conceptual de datos, información y conocimiento

siguiente de abstracción o procesamiento, consideramos que esto no es correcto. Nuestra perspectiva implica que el concepto de *sabiduría* está vinculado a la idea aspiracional o al grado de sentido que tiene un objetivo determinado. Este no se desprende como paso lógico del conocimiento. Por ello no lo consideramos parte del proceso, ya que existe un salto discreto no derivativo entre los anteriores y este estadio, y además es indivisible de los valores subjetivos de cada persona. A veces es entendida como «qué es lo que tiene sentido hacer» en relación con los objetivos.

2.4. Una visión del significado de *data driven*

Teniendo una base compartida sobre las entidades a las que nos referimos al hablar de datos, información y conocimiento, podemos comenzar a entrever qué significa en la práctica ser *data driven*.

El requerimiento más claro es que existan los datos. Es decir, que cada transacción, operación, decisión o consecuencia genere algún tipo de efecto colateral identificable en el tiempo y la genealogía, de modo que pueda archivarse para futuras referencias.

No es particularmente relevante el modo o método que se use para el registro, ya que este afectará la facilidad de procesarlo para obtener información, pero no la capacidad bruta de hacerlo. Una base de datos eficientemente normalizada podría ser la forma tradicional más apta para la teneduría de libros, pero un registro en un texto libre de acciones puede ofrecer la misma información, incluso más, mediante el proceso adecuado. Registros dispares y distribuidos, con información vinculable mediante alguna codificación de identidad y temporalidad, pueden reconstruirse, aunque cada vez se requiere un mayor trabajo para obtener una base coherente.

La contracara de este elemento es que tenemos que poder acceder a los datos, para luego usarlos y consumirlos. Un gran archivo de datos a los que nadie tiene acceso representan solamente un archivo inerte. Podríamos decir que el dato vivo es el dato que se consume de manera recurrente. En este aspecto será crítica la infraestructura que soporte la generación, ingesta, almacenamiento y consumo de los datos, así como el grado de alfabetización a su respecto que se posea en la organización.

Un término esencial es el *alfabetismo de datos* (o *data literacy* en inglés), que es un análogo del alfabetismo en su sentido usual. Tiene que ver con la capacidad de entender e interpretar los datos, su contexto, sus puntos sólidos y sus aspectos endebles.

Como comentamos anteriormente, el basamento en datos no significa seguir ciegamente un valor numérico. Tomar decisiones basándonos en datos es el proceso convergente que complementa al proceso divergente de generación de hipótesis. Los datos son los encargados de representar el estado actual y la trayectoria del negocio, y pueden ofrecer escenarios futuros. El ejecutivo los tendrá en consideración para entender qué hipótesis tienen sustento y qué opciones tienen potencial. Estas decisiones deberán ser tomadas en cualquier contexto, pero sin una evaluación pertinente de la situación, se tomarán a ciegas. Los datos ofrecen el mapa para elegir el camino.

Aun así, la consulta de datos *a posteriori* es estéril. El dato debe buscarse antes de tomar una decisión, y solo tienen sentido aquellos datos que las posibilitan. El término relevante entonces es la decisión en relación con los datos. Una regla general para evaluar este aspecto está en la pregunta «¿qué decisión de negocio espero tomar, o puedo tomar, ahora que tengo esta información?».

Un elemento que se desprende de esta regla, en relación con nuestra taxonomía anterior, es que una decisión se asocia a la información, por lo que se requiere un proceso que transforme primero los datos.

Otro elemento a discernir se centra en la decisión. Si no existe un espacio de decisiones asociado, la información es espuria, y se posibilitan riesgos de confusión, abrumar al tomador de decisiones y perder el foco del agregado de valor. Podríamos extender el lema de que «un dato de color (*nice to know*) es un dato peligroso».

El siguiente elemento en la toma de decisiones es la evaluación de las consecuencias o resultados de las decisiones tomadas. Sin esta evaluación, no solamente se elimina la retroalimentación del aprendizaje, sino que se socava la estructura de respondibilidad[3].

El aspecto engorroso de la evaluación radica en que, *a posteriori* y cuanta mayor variedad de datos haya disponible, más sencillo resulta encontrar relaciones ficticias que permitan justificar un acto consumado, bloqueando la capacidad reflexiva de comprender los efectos de las decisiones y aprender en ese proceso. Esto puede ocurrir intencionalmente (siendo un *fraude* o una cobertura posterior) o, más pernicioso aún, inconscientemente.

La tendencia natural a intentar asignar significados a lo que se percibe como patrones, sea o no producto del azar[4], sumado al sesgo cognitivo de confirmación[5] constituyen deformaciones contrarias al objetivo buscado, socavando el trabajo en equipo

[3]«Condición según la cual un individuo puede ser llamado a rendir cuentas de sus actos por otro individuo o conjunto de individuos autorizados para ello y para otorgar algún reconocimiento a aquel por dichos actos». Se trata de un neologismo acuñado por el doctor Elliot Jaques y el equipo de traducción de «La organización requerida» [Jaq04] (y definido en el glosario de la obra) para diferenciarlo de responsabilidad y referirse a una propiedad del rol, no a una característica de la persona.

[4]Una profundización y expansión de esta idea puede encontrarse en *Fooled by Randomness* [Tal08], donde se discuten ejemplos de comportamientos en que el efecto de la aleatoriedad es indistinguible del que esperaríamos de la aplicación de conocimiento experto.

[5]Tendencia a enfocarse en información que confirma las creencias preexistentes y rechazar la información que no la sustente. Descrita en [Plo93, pág. 233].

mediante posturas defensivas, entorpeciendo el aprendizaje y dando pie a dogmatismos subjetivos.

Por esto resulta crítico que, antes de considerar una acción concreta, se debe definir qué situación o estado es el que se considera como un éxito, y la manera de detectarlo. Es decir, hay que definir por medio de qué instrumento se constatará la existencia del estado deseado o, al menos, la manera de describir el estado futuro respecto a los parámetros de interés contra los cuales se contrastará el mayor o menor éxito conseguido.

Si bien el objetivo puede definirse de manera aspiracional, emocional o relativa (comparable a las definiciones usuales en temas de estrategia con la visión, y sus afirmaciones del estilo «ser los mejores distribuidores de materias primas congeladas de la región»), los valores de referencia —la medida— debe poder objetivarse tanto como sea posible. En los casos donde efectivamente dependa de una medida subjetiva (por ejemplo, del nivel de satisfacción) debería tenerse en cuenta el mecanismo de producción de tal respuesta y su forma de transformarlo en la métrica adecuada (por ejemplo, tomando un resultado normalizado de una encuesta, identificar un *net promoter score*, porcentaje de recompra de los clientes actuales, etc.)

Cabe mencionar que en este proceso estamos hablando de la capacidad de evaluar una decisión respecto al futuro. Los casos de búsqueda exploratoria de relaciones y significados en los datos no se aplican por ser su mecánica divergente, creativa, y solo parte de un proceso científico más abarcativo en el cual se intentará validar esas relaciones mediante la experimentación independiente, por lo que la búsqueda de seudopatrones realiza la función de inspiración, *input* o serendipia, y no una evaluación *per se*.

Una manera muy difundida de definir el grado de obtención del resultado deseado es la de los indicadores clave de rendimiento, o más comúnmente llamados KPI debido a su significado en inglés de *key performance indicators*.

Una forma ideal de definir esta medida es relacionándola con una cantidad física o simbólica concreta (toneladas de material despachado, cantidad de visitantes al sitio de comercio electrónico, facturación). Esto no siempre resulta posible, especialmente para aspectos de carácter cualitativo o conceptual.

En esos casos se puede optar por utilizar un valor apareado o de referencia (un *proxy*) que, aunque incompleto, dé una asequible simpleza de cálculo. En estos casos, la correlación, aunque no represente causalidad, puede ser una aliada.

Otra estrategia es definir un valor compuesto por distintos indicadores más simples, pero que apuntan a poder dar una imagen completa de la situación que se busca representar. No es deseable que esta medida sea un complejo dimensional que no se pueda dilucidar. El caso ideal es cuando mediante la composición se llega a una métrica de impacto directo en el negocio, aunque no directamente calculable. El segundo mejor caso es cuando se genera un valor naturalmente adimensional como consecuencia de que cada valor que lo compone haya sido normalizado, con lo cual la métrica representa un grado de cumplimiento de los objetivos considerados.

Un esfuerzo en tener las métricas adecuadas, el momento adecuado de definición y los valores representativos luego de la maduración de los efectos de las acciones tomadas tendrá poco apalancamiento[6] si resulta de una empresa *ad-hoc*. No puede ser un experimento artesanal, sino una práctica establecida y

[6]Si bien todo el enfoque de dinámica de sistemas [For61] utiliza con convencimiento la idea de «apalancamiento»; una revisión resumida so-

culturalmente aceptada en la organización. Debe representar el marco conceptual (*framework*) desde el cual se diseñan las iniciativas y el flujo de los procesos recurrentes.

Pero para que sean ciclos recurrentes y virtuosos, se debe tener una concepción clara del valor que agregan los datos, y para ello resulta relevante considerar desde el principio la foja cero, es decir, cómo se planean usar los datos para agregar valor. De esta manera cerramos el círculo y volvemos a la consideración de «qué decisión de negocio espero tomar o puedo tomar ahora que tengo esta información». Puede no ser la primera cuestión a tratar debido al flujo de proceso de cada organización, pudiendo primar a veces una posibilidad tecnológica, una disposición legal, o una oportunidad comercial. Pero siempre se debe constatar, en cada fase de desarrollo, de qué manera se está abordando la pregunta fundacional del trabajo con datos.

En el proceso de uso, decisión y evaluación basados en datos, nos encontraremos con que su uso no implica una objetividad uniforme, y siempre habrá opiniones y discusiones al respecto. Es importante desarrollar puentes en estas discusiones de manera que se pueda facilitar el trabajo en equipo y construir consensos. Para ello resulta útil distinguir entre tres fuentes distintas de disparidades:

- Interpretación de datos: se refiere a si la métrica utilizada representa el problema que se intenta reflejar, si existe o no una relación entre distintas variables, si el proceso que se debe utilizar está definido, de qué manera se deben tratar datos faltantes y correcciones, etc.

bre cuáles son estos puntos en general y su grado de eficacia puede encontrarse en [Mea97].

- Fuentes y credibilidad: hace referencia a qué fuente es la correcta, qué diferencia en el valor se obtiene de distintas fuentes, si alguna fuente está compuesta de estimaciones no generalizables, si hay fuentes cuya veracidad es muy variable, etc.

- Consecuencias: son las explicaciones y los mecanismos que sustentan la manera de interpretar lo observado y modelado, los efectos de las acciones propuestas y su adecuación al problema en cuestión, los grados de libertad en la selección de las acciones, la previsibilidad y la capacidad de comprometerse con un resultado.

Una manera de resolver malentendidos en los equipos está en explicitar la dimensión en la que cada argumento actúa, evitando recorrer el problema de punta a punta y centrándose en cada argumento a la vez.

También se puede establecer el paralelo entre estas tres dimensiones y la ontología definida anteriormente, siendo la primera análoga a los datos, la segunda a la información, y la tercera al conocimiento:

- datos ⇔ interpretación
- información ⇔ fuentes y credibilidad
- conocimiento ⇔ consecuencias

Resumen

¿Qué esperamos que te hayas llevado de este capítulo?

- Un abordaje de qué significa ser *data driven*.
- El uso de datos para la toma y entendimiento de decisiones, no la justificación *a posteriori*.

- Una definición de referencia de dato, información y conocimiento.
- La consideración del dato como consumo, la información como producto y el conocimiento como regulador del sistema considerado.
- La importancia de las definiciones de KPI y su uso para evaluar las decisiones.
- Los diferentes aspectos que se discuten cuando se habla sobre «datos».

Capítulo 3

La empresa y la transformación digital

Introducción

Una iniciativa de *big data* implica una existencia de datos. El objetivo de una transformación digital, además de poseer un aspecto de ventaja competitiva, funciona como elemento fundacional que posibilita la ejecución del máximo potencial de *big data*. Este capítulo trata sobre los aspectos culturales y operativos de esa transformación del modo de apalancar el potencial del *big data*.

3.1. Transformación digital

Otro concepto asociado con las nuevas tecnologías al que se le ha dado mucha trascendencia es el de *transformación digital* [Ber12], aunque, como tantas otras palabras de moda (o *buzzwords*), no se define de manera taxativa, ni siquiera explícita.

Este término resulta relevante para nuestra perspectiva, dado que pese a originarse desde otro ámbito, más cercano a la experiencia del usuario, a los dispositivos móviles y a la «consumerización empresarial» (o *enterprise consumerization*[1]), posee un espacio de interacción considerable, y puede actuar como *facilitador* (*enabler*) o potenciador de un paradigma basado en datos.

En un sentido muy amplio, la transformación digital representa el efecto social de la *digitalización*, la cual es entendida como el proceso que lleva a cabo la *conversión digital* o *desanalogación* [Kha16].

Esta conversión es la que posibilita el almacenamiento y procesamiento masivo de todo el universo de información que típicamente solo podía existir en un formato analógico (como señales eléctricas) o físico (como las pinturas o esculturas). En sus formas primitivas, la capacidad de almacenar y procesar la información resulta no solamente limitada y costosa, sino que además este proceso y registro se vuelve muy dependiente de la aplicación de parámetros subjetivos. Por ejemplo, la descripción de una escultura a alguien que no la ha visto, una reseña oral de un códice antiguo, etc.

3.2. Conversión digital y digitalización

La *conversión digital* consiste entonces en la disponibilización en un formato digital y, por consiguiente, discreto (o nativamente discretizable) y replicable a la perfección de esta misma información, y que incluso posibilita algoritmos de

[1]Hace referencia a la tendencia a desarrollar de la misma manera para el consumidor interno, que es el empleado, con estándares y experiencias equivalentes en facilidad de uso y atractivo que para el usuario externo, o cliente.

corrección de errores para los casos donde el soporte físico se degrada por cualquier motivo. El avance tecnológico permite que esto ocurra en una resolución y calidad progresivamente mayor. En este aspecto, la transformación digital representa una fuente de datos para consumo en un formato adecuado para su explotación en masa.

La *digitalización* es el proceso mediante el cual se lleva a cabo la conversión digital de fuentes analógicas pasadas, así como el cambio en los mecanismos de captura de nuevos datos para la generación automática de su representación digital. Este proceso, una vez implementado, implica que todo dato futuro existirá en el formato digital, permitiendo que la manera de interactuar entre dispositivos e interfaces se unifique a ese formato, y habilitando la primacía de las interfaces digitales como base inicial o estándar. Un ejemplo de este cambio de proceso es el de digitalización de una carta escrita a mano, posteriormente escrita ya en formato digital, sea en un procesador de texto para luego imprimir, o para enviar directamente por correo electrónico. Las fotografías, con los soportes de captura digital, hoy en día ya habiendo reemplazado en prácticamente todos los escenarios al *film*, y la producción musical en soportes digitales sin pasar por la cinta magnética son ejemplos de los cambios en los mismos mecanismos de captura.

La posibilidad de realizar las mismas operaciones, pero ya no dependiendo de formularios físicos o interacciones telefónicas, sino por medio de una pantalla, una web, o un dispositivo móvil es parte de este proceso de digitalización. Se opera desde el primer momento en la órbita digital, pero el flujo que sigue a la interacción es el mismo que antes. La mayor parte de las empresas que han intentado pasar por una transformación digital se han quedado atascadas en esta etapa, que, si bien resulta más eficiente o veloz, no es más que una optimización temprana o un nuevo maquillaje aplicado a la misma manera anterior de interactuar, incluso con algunas funcionalidades perdidas por la falta de flexibilidad impuesta por un formato de entrada estandarizado y un consumo automático.

Cuando la capacidad de operar sobre medios y datos digitales se lleva más allá de la replicación de los procesos legados hacia el desarrollo de otros nuevos y hacia las innovadoras formas de interacción, es cuando podemos hablar de una *transformación digital*. En este momento, las innovaciones dejan de ser «de método» para ser de fondo, al descubrirse o diseñarse interacciones sociales muy diferentes e imprevisibles, con un impacto profundo en la vida social de las personas. Una gestión de acceso a una oficina mediante el registro de huellas digitales, sin requerir operaciones de registro manuales nos muestra solo un primer paso del tipo de cambios que pueden ocurrir.

3.3. Impacto de las transformaciones digitales

El impacto, cuando estamos hablando de una organización, se da en tres frentes en particular a considerar:

- la operación, o el valor de negocio, en la adaptación, creación o extinción de procesos y maneras de llevar adelante el día a día;
- la cultura en el tipo y combinación de habilidades analíticas y sociales requeridas para aportar valor de manera consistente y la mecánica de cooperación o trabajo en equipo;

- la infraestructura en las aplicaciones, tecnologías, así como micro y macro arquitecturas que soporten efectivamente las dos anteriores.

Muchas empresas se han visto frustradas en sus intentos de implementar una transformación digital, precisamente por haberse concentrado en el aspecto de infraestructura, por ejemplo reemplazando arquitecturas anteriores por Hadoop, y sus ETL por *jobs* en *map-reduce*, o migrando los reportes de su *data warehouse* a una tecnología más moderna para visualizaciones como Tableau.

El uso de la arquitectura y la tecnología adecuadas para la tarea representan la eliminación de un inhibidor en el proceso, pero no por eso garantiza la adopción de una nueva manera de proceder. Se puede entender como un análogo a los factores de higiene (en el sentido de mantenimiento) o desmotivadores de la teoría de motivación de Herzberg[2]. Con este marco conceptual, entendemos que si las herramientas y la infraestructura para operar resultan deficientes, estas actuarán como disuasivos respecto a la transformación digital, evitando su maduración. De la misma manera, podemos contemplar cómo un enfoque puramente técnico tampoco logra un retorno elevado por sí solo. Esta experiencia puede ser relatada tras costosas implementaciones de sistemas de gestión que luego no son completamente adoptados, son subutilizados o, peor aún,

[2]Originariamente planteada por Herzberg en [HMS11], una explicación breve implica que la satisfacción o motivación en un trabajo y la insatisfacción o desmotivación corresponden a dimensiones independientes en lugar de a una escala continua. De acuerdo a esta visión, podría haber factores que aumenten la motivación de la fuerza laboral sin resolver las causas del descontento, evitando que las mejores condiciones surtan efecto; o la remoción de un factor desmotivador puede implicar la efectivización de la capacidad motivadora de otro factor sin un agregado como mejoras salariales.

evitados[3]. También podemos observar que la mayor cantidad de referencias en temas de *big data*, *data science*, *data driven* y similares son de contenido primordialmente técnico, llegando al punto de ser tutoriales o repositorios de código, *checklists* de pasos a seguir en una implementación, o a lo sumo visiones de muy alto nivel sobre el potencial estratégico que podría tener desde una perspectiva de consultoría de gestión.

Si quienes llevan a la práctica estas iniciativas cuentan solamente con esos enfoques, no resulta sorprendente entonces que exista una percepción de desilusión o promesa incumplida con muchas de estas tecnologías.

El aspecto cultural también actúa como elemento potencialmente desmotivador, o factor de higiene, al referirse a la capacidad de las personas y roles en la organización de explotar las posibilidades de infraestructura que tienen a disposición. Es el entendimiento de utilizar la herramienta adecuada para el trabajo adecuado. No intentar pasar un cubo por un agujero circular.

¿Entienden nuestros analistas los reportes que utilizan? ¿Comprenden la variabilidad de los datos, los rangos de incertidumbre, o lo confiable que es la fuente? ¿Pueden sopesar más de una posible explicación a los datos que leen? ¿Toman decisiones y asumen riesgos controlados? ¿O tan solo buscan tener información para cubrirse en decisiones que ya habían considerado?

Estos motivos hacen que el aspecto cultural sea crítico, aunque muchas veces ignorado. Tiene mucho que ver con la mentalidad basada en datos (*data driven mindset*). En este caso,

[3] Un caso muy frecuente en la industria es que cuando los analistas «descargan la información a un Excel», la trabajan desconectados del sistema, y luego cargan los resultados, sin haber aprovechado el potencial de la herramienta.

no se requiere que toda la organización posea ese nivel de sofisticación, pero sí es requerido un nivel de inmunidad de grupo[4] contra el analfabetismo de datos, o, idealmente, una masa crítica en alfabetismo en datos.

Esto quiere decir que el uso de datos, de información, no está visto como la órbita de un pequeño grupo de elegidos «a quienes se les dan bien con los números», sino una actividad típica de todos los integrantes de la organización, un valor bien visto.

3.4. Usar los datos en una empresa digital

Se evidencia en la empresa moderna la dificultad de conseguir a alguien con talento que posea la capacidad de trabajar con datos. No hay previsiones alentadoras sobre la corrección de esta tendencia en el futuro cercano, por lo que resulta imperativo que las empresas comiencen, culturalmente, a aprender a sacarle el mayor valor posible a los recursos que ya poseen.

Para ello vamos a mencionar tres aspectos claves, aunque no solo para la analítica, como menciona Davenport [Dav15], sino para el uso de datos y la evidencia en general:

- identificación y encuadre de la situación,
- interacción con perfiles cuantitativos,
- distintos tipos de análisis.

[4]Efecto emergente en una población que lleva a que la población de individuos posean la «propiedad», en el caso particular médico «inmunidad», aun cuando no todos sus individuos la poseen. En [JS00] se puede encontrar un esfuerzo sistemático por lograr una definición precisa.

Identificación y encuadre de la situación

Uno de los aspectos más críticos a la hora de utilizar exitosamente los datos es uno de los más descuidados —especialmente por las personas que no se identifican a sí mismas como «gente de números»— y que sin embargo no requiere su dominio, que es el encuadre que se le da a una situación o problema a analizar.

El motivo que propicia un análisis puede partir de la experiencia, la necesidad de tomar una acción, la curiosidad o incluso hasta de una sensación o epifanía.

En esta etapa sin evidencia o datos, lo relevante está en qué medida puede considerarse aislada la situación, reduciendo la cantidad de partes que interactúan, y qué tipo de acciones o decisiones son las que se espera poder tomar de un análisis, simplificando los disparadores. Las preguntas muy abiertas, si bien muy útiles en sentido exploratorio, dan poco pie al foco analítico. Es mucho menos probable que se pueda responder satisfactoriamente a la pregunta «¿qué debería hacer con mi fuga de talento?» que a «¿cuál es el factor más importante que hace que mi gente renuncie?» o a «¿puedo estimar el riesgo de renuncia de mis perfiles críticos?», las cuales no solamente son contrastables con datos, sino que tienen apareada una decisión accionable.

Incluso antes de esa etapa, el valor del encuadre es mayor cuando nos permite identificar cuál es el problema a considerar. En lugar de plantearse cómo resuelvo este problema, se busca entender qué problema se debería estar intentando resolver. Lo conveniente es la sistematización de este enfoque, con un listado y una investigación de qué otros problemas aledaños podrían ser considerados.

No es un requisito haber finalizado esta etapa previa a la socialización con nuestro personal cuantitativo, sino que de la colaboración con ellos puede aprenderse y facilitarse este trabajo.

Interacción con perfiles cuantitativos

La manera más efectiva de aprovechar los perfiles cuantitativos es construir una zona de *expertise* combinada, donde se difunda el conocimiento del negocio y de los datos. Lamentablemente, el talento cuantitativo que además tiene la capacidad de comunicarse efectivamente con actores de negocios es todavía más escaso. Por eso un enfoque realista parte de acercar el negocio a los datos.

Como extensión de la sistematización del encuadre del problema visto en el punto anterior, se debe realizar un esfuerzo sistemático por hacer explícitas todas las hipótesis sobre el funcionamiento del sistema, el origen del problema y el motivo por el cual la acción propuesta resultaría efectiva. Esto provee no solamente un mapa del territorio a explorar, sino los puntos fijos que se pueden contrastar con experimentos y análisis puntuales, permitiendo un avance medible y ordenado de las iniciativas analíticas.

Esta manera de trabajar es lo que incluso posibilita una unión armoniosa de metodologías de investigación con las metodologías ágiles que suelen usarse en desarrollo de software, permitiendo una retroalimentación rápida hacia el negocio en la toma de decisiones y visibilidad del estado de las cosas.

Esto no quita que el esfuerzo organizacional deba incluir el camino inverso, formando a los analistas en el conocimiento del negocio, su lenguaje y sus hipótesis, para que no se dé una situación similar a la de los comienzos del *business intelligence*, donde la ideación y ejecución de análisis estaba «tercerizada» en un área de sistemas lejos del negocio. Los analistas y decisores de negocio deben actuar en conjunto en la identificación de las hipótesis y la ideación de soluciones posibles y mediciones de impacto.

Distintos tipos de análisis

El uso de datos para extraer información o conformar conocimiento (como fue definido en 2) no está exento de una gradación dependiente del grado de sofisticación que la situación, la empresa y el contexto permitan.

De cualquier manera, no es posible utilizar los estadios más sofisticados sin un firme desenvolvimiento de los iniciales. Un motivo de falla bastante típico en las incursiones analíticas radica en comenzar a barrer la escalera desde abajo, opuesto a la sabiduría del aforismo.

Estas etapas analíticas pueden definirse de la siguiente manera:

- Descriptiva, porque lo relevante es la capacidad de comprender el estado de las cosas por medio de un reporte o visualización, qué ocurrió en el pasado y qué factores intervinieron. La mayor parte de los análisis descriptivos se limitan a reportes simples de datos históricos, aunque fallan en su soporte para la toma de decisiones al no permitir ahondar en las distintas dimensiones de negocio, historia y variables que componen la situación y la tendencia actual.

- Predictiva, porque se intentan explotar los sucesos pasados para poder decir qué es lo que ocurrirá. Permite poner de relieve la necesidad y riesgos de decisiones, así como generar escenarios de qué hubiese ocurrido con cambios en las variables de control, la generación de escenarios y hasta *insights* sobre la relevancia de distintas variables. Estos elementos vuelven muy atractivos este tipo de análisis, pero sin un fundamento descriptivo, su interpretabilidad, zonas de incertidumbre e hipótesis generadoras pasan a ser tácitas, volviendo muy peligrosa su aplicación.

- Prescriptiva, porque además de intentar adelantar la ocurrencia de determinados sucesos, se busca dilucidar cuál es el mejor curso de acción posible. En algunos casos, históricamente, se refiere a algoritmos de optimización dado un problema perfectamente definido. Enfoques más modernos se basan en recomendaciones de acciones, asignaciones de puntajes y probabilidades, especificación de condiciones de contorno en donde esa recomendación es válida, etc.

- Asistida, la cual no es un estamento en la misma dimensión de cambio que las anteriores, sino transversal a todas ellas, y fuertemente apalancada en las plataformas de IA, definidas en 4.3.4. La diferencia en este caso consiste en decisiones automatizadas para casos de bajo riesgo y bajo valor, apoyo para descubrir eventos o tendencias «relevantes», y otras funcionalidades, pero respondiendo básicamente a las preguntas metanalíticas «¿qué información debería estar mirando?», «¿qué decisión debería estar considerando?».

Resumen

¿Qué esperamos que te hayas llevado de este capítulo?

- Qué implica una transformación digital, y qué cambios culturales se requieren en la empresa.

- Cultura de métricas, KPI y *dashboards*.
- Todo proceso debería dejar una traza consumible.
- Un acercamiento estructurado para aprovechar los datos.
- Motivos por los que las iniciativas digitales fracasan.

Parte II

Pensando un proyecto de datos

Capítulo 4

Ingeniería de datos

Introducción

Este capítulo intenta arrojar luz sobre los conceptos y definiciones iniciales del *big data* (en español, macrodatos), comenzando por la definición de «qué es el *big data*», sus principales atributos, y las etapas de su evolución. Luego se explican en detalle los fundamentos de las arquitecturas de datos, incluyendo las perspectivas de datos más difundidas, las etapas típicas de un *framework* de *big data*, y sus tecnologías y herramientas más utilizadas.

4.1. ¿Qué es realmente *big data*?

Lo que conocemos como *big data* tuvo una gran explosión de popularidad durante los últimos años, especialmente desde el 2013 en adelante [FR13], lo que ha dado origen a un sinnúmero de definiciones del concepto de *big data*, llegando incluso a ser añadidas a los diccionarios de habla inglesa

Oxford English Dictionary[1] en 2013 y *Merriam-Webster*[2] en 2014. Algunas de estas definiciones son más amplias, mientras que otras solo se ciñen a conceptos teóricos y tecnológicos que terminan reduciendo el alcance de lo que se considera parte del dominio del *big data*[3].

Pese a esta explosión de popularidad, y quizás por ser una rama relativamente nueva y en constante evolución dentro de las ciencias de la computación, hoy no existe una definición universalmente aceptada sobre qué es realmente el *big data*. De hecho, resulta bastante complicado definir qué es y qué no es de forma simple y concisa, ya que no existe una frontera rígida o bien definida que los diferencie de las otras ramas de las ciencias de la computación. No hay un número mágico que nos permita separar las aguas y poder decir que a partir de X cantidad de registros en una base de datos, o Y cantidad de *gigabytes* en un *dataset* estamos en presencia de un problema de *big data*.

Dicho esto, intentamos dar una definición concisa de *big data*:

> *Big data* se refiere normalmente a la aplicación de un enfoque científicopráctico a la resolución de problemas de datos en los cuales se necesita atacar eficientemente[4] a uno o más de los tres atributos principales: volumen o cantidad de datos, variedad

[1]Disponible en línea en: https://en.oxforddictionaries.com/definition/big_data.

[2]Disponible en línea en: https://www.merriam-webster.com/dictionary/bigdata.

[3]Un claro ejemplo es la concepción errónea de que «no se necesita de un enfoque de *big data* si no lidiamos con volúmenes de datos astronómicos».

[4]Eficiente desde una perspectiva que tenga en cuenta la combinación de factores de negocio, viabilidad técnica y económica.

en el origen y/o formato de los datos, y velocidad de generación y/o consumo de los datos.

Cuando las herramientas tradicionales no son condición suficiente para resolver *per se* un problema de tratamiento, de almacenamiento o de visualización de datos es cuando solemos estar en presencia de un problema de *big data*. Un claro caso de uso que ejemplifica esta situación es el problema de la predicción meteorológica. Dicha problemática posee una ventana temporal rígida de veinticuatro horas. Es en este caso donde la aplicación del cómputo paralelo y el *big data* permiten obtener resultados dentro de ese marco temporal que de otra forma no sería posible. De nada sirve un pronóstico del clima que demore veinticinco horas.

Existen otras interpretaciones de *big data* que permiten ampliar nuestra definición. Un muy buen punto de partida es la publicación de Jennifer Dutcher en el blog de la School of Information de la Universidad de California, Berkeley, donde se incluyen las opiniones de líderes de diversos campos disciplinarios [Dut14]. A continuación, citamos las definiciones que consideramos más relevantes, tanto desde el punto de vista técnico como por la amplia visión que aportan:

- «I'm not fond of the phrase "big data" because it focuses on the volume of data, obscuring the far-reaching changes are making data essential to individuals and organizations in today's world. But if I have to define it I'd say that "big data" is data that can't be processed using standard databases because it is too big, too fast-moving, or too complex for traditional data processing tools.» Anna Lee Saxenian, decana de la School of Information de la Universidad de California, Berkeley[5].

- «While the use of the term is quite nebulous and is often co-opted for other purposes, I've understood "big data" to be about analysis for data that's really messy or where you don't know the right questions or queries to make – analysis that can help you find patterns, anomalies, or new structures amidst otherwise chaotic or complex data points.» Philip Ashlock, arquitecto en jefe de data.gov[6].

- «Big Data is the result of collecting information at its most granular level –it's what you get when you instrument a system and keep all of the data that your instrumentation is able to gather.» Jon Bruner, editor general (Editor-at-Large) en O'Reilly Media[7].

- «I prefer a flexible but functional definition of big data. Big data is when your business wants to use data to solve a

[5]Traducción propia: «No soy una entusiasta de la frase "big data" porque se centra mucho en el volumen de los datos, opacando los cambios de largo alcance que están haciendo que los datos se vuelvan esenciales para los individuos y las organizaciones en el mundo de hoy en día. Pero si tuviera que definirlo diría que "big data" son los datos que no pueden ser procesados utilizando las bases de datos estándar porque son demasiado grandes, se mueven demasiado rápido, o son muy complejos para las herramientas de procesamientos de datos tradicionales.»

[6]Traducción propia: «A pesar de que el uso del término es bastante nebuloso y usualmente es cooptado para otros fines, entiendo *big data* como el análisis aplicado a datos que son realmente confusos o donde uno no conoce las preguntas o consultas que aplicar —análisis que nos puede ayudar a encontrar patrones, anomalías, o nuevas estructuras en medio de puntos de datos por lo demás caóticos o complejos.»

[7]Traducción propia: «*Big data* es el resultado de recolectar información en su nivel más granular —es lo que obtienes al instrumentar un sistema y quedarte todos los datos que esa instrumentación permita reunir.»

problem, answer a question, produce a product, etc., but the standard, simple methods (maybe it's SQL, maybe it's k-means, maybe it's a single server with a cron job) break down on the size of the data set, causing time, effort, creativity, and money to be spent crafting a solution to the problem that leverages the data without simply sampling or tossing out records. The main consideration here, then, is to weigh the cost of using "all the data" in this complex (and potentially brittle) solution versus the benefits gained over using a smaller data set in a cheaper, faster, more stable way.» John Foreman, científico en jefe de datos de MailChimp[8].

- «Big data refers to using complex datasets to drive focus, direction, and decision making within a company or organization. This is done by deriving actionable insights from the analysis of your organization's data.» Jessica Kirkpatrick, directora de ciencia de datos de InstaEDU[9].

[8]Traducción propia: «Personalmente prefiero una definición flexible pero funcional de *big data*. *Big data* es cuando tu negocio quiere utilizar datos para resolver un problema, responder a una pregunta, crear un producto, etc., pero los métodos simples y estándares (quizás es SQL, *k-means* o un único servidor ejecutando un trabajo de *cron*) fallan ante el tamaño de los conjuntos de datos, generando un gasto de tiempo, esfuerzo, creatividad y dinero elaborando una solución al problema que aproveche los datos sin simplemente hacer una muestra o descartar registros. La principal consideración aquí es, entonces, sopesar el costo de utilizar "todos los datos" en esta compleja (y potencialmente frágil) solución frente a los beneficios obtenidos de la utilización de un conjunto de datos menor de forma más económica, rápida y estable.»

[9]Traducción propia: «*Big data* se refiere a la utilización de conjuntos de datos complejos para dirigir el enfoque, la dirección y la toma de decisiones dentro de una compañía y organización. Esto se lleva a cabo a mediante la obtención de información útil a partir del análisis de los datos de la organización.»

- «In my view, big data is data that requires novel processing techniques to handle. Typically, big data requires massive parallelism in some fashion (storage and/or compute) to deal with volume and processing variety.» Brad Peters, CPO y presidente ejecutivo (*Chairman*) en Birst[10].
- «Big data is an umbrella term that means a lot of different things, but to me, it means the possibility of doing extraordinary things using modern machine learning techniques on digital data. Whether it is predicting illness, the weather, the spread of infectious diseases, or what you will buy next, it offers a world of possibilities for improving people's lives.» Shashi Upadhyay, CEO y fundador de Lattice Engines[11].

En la sección que sigue se explican los tres principales atributos que definen los problemas de datos: volumen, variedad y velocidad. Es importante recordar que dicho concepto fue introducido hace más de quince años, mucho antes de la explosión del *big data*, por el analista de Gartner, Inc., Doug Laney[12] [Lan01, Lan12].

Para aquellos interesados en saber un poco más sobre la historia del *big data* les recomendamos el artículo de *Forbes*

[10]Traducción propia: «Desde mi punto de vista, los *big data* son datos que requieren de nuevas técnicas de procesamiento para ser manejados. Típicamente, los *big data* necesitan de algún tipo de paralelismo masivo (almacenamiento y/o cómputo) para lidiar con el volumen y procesar la variedad de datos.»

[11]Traducción propia: «*Big data* es un término paraguas que agrupa muchas cosas diferentes pero, para mí, representa la posibilidad de hacer cosas extraordinarias utilizando modernas técnicas de aprendizaje automático sobre datos digitales. Ya sea para predecir enfermedades, el clima, la propagación de enfermedades infecciosas, o el próximo artículo que vas a comprar, *big data* ofrece un mundo de posibilidades para mejorar la vida de las personas.»

[12]En ese momento Laney formaba parte de la firma de consultoría META Group, Inc., adquirida por Gartner, Inc. en 2005.

titulado «Una muy breve historia sobre Big Data» [Pre13] en el que Gil Press elabora un conciso pero completo resumen del *big data* desde 1944 hasta finales de 2013.

4.2. Atributos del *big data*

A lo largo de los últimos años ha aparecido una gran variedad de artículos en los cuales se proponen diversos números de atributos de *big data*, desde las tres propuestas originalmente por Laney [Lan01, Lan12], hasta diez (o incluso más) dimensiones [Bie13, Jai16, Fir17].

Desde nuestro punto de vista, en coincidencia con Laney, los atributos o propiedades de los datos que definen un problema de *big data* son tres:

- Volumen. Representa la —muchas veces difusa— frontera que separa aquellos problemas que para ser abordados y resueltos de forma correcta y eficiente requieren del manejo de tal cantidad de información que limita la aplicación de métodos de cómputo tradicionales, como por ejemplo las búsquedas en Google. Sin lugar a dudas esta propiedad está intrínseca y morfológicamente relacionada con el origen y la nomenclatura de *big data*.

- Velocidad. Esta propiedad se refiere a la segunda de las características que comúnmente definen un problema de *big data*: la necesidad de poder trabajar de forma eficiente con un flujo constante de datos que se generan a velocidades cada vez mayores. Esta situación, en la que el sistema de *big data* tiene que poder manejar el flujo de datos, tiene dos aristas o derivaciones según el caso de uso. La primera es la que deriva en un sistema de cola de mensajes o *buffering*, donde se adquieren los datos y se los encola para luego poder procesarlos. La segunda es en la que ese flujo constante de datos debe ser adquirido pero además también procesado a alta velocidad dentro de una ventana temporal acotada. Actualmente existen muchos sistemas que poseen este tipo de restricciones, como los de «misión crítica», que requieren una respuesta en tiempo real (por ejemplo sistemas de control de tráfico aéreo), o procesos más cotidianos como el pronóstico del tiempo cuya ventana temporal es de veinticuatro horas.

- Variedad. Propiedad que refleja la diversidad tanto en el origen como en el formato de los datos que se utilizan en el cómputo, incluyendo datos estructurados y no estructurados[13]. En la actualidad, más del 90 % de los datos que se generan día a día son no estructurados. Esto implica una gran diferencia respecto a los sistemas de procesamiento tradicionales enfocados en datos estructurados, y fundamenta la necesidad de aplicar enfoques de *big data*.

Existen otras dos propiedades que denominamos «derivadas» o «secundarias» que dependen de los mecanismos de generación y consumo de los datos, así como también del entorno en que se utilizan:

[13]Cuando nos referimos a datos «no estructurados» hablamos de datos que no poseen una organización o un modelo de datos predefinido y que por tanto no responden a la estandarización que se utiliza en las bases de datos tradicionales. Dentro del grupo de datos no estructurados también se incluyen aquellos formatos de archivos cuyos datos, pese a tener cierto grado de estructura interna, no encajan perfectamente en una base de datos. Como ejemplo de datos no estructurados podemos nombrar los correos electrónicos, los archivos de audio o vídeo, los datos de sensores o dispositivos del internet de las cosas (IoT), etc.

- Veracidad. Esta propiedad tiene relación directa con el principio de certidumbre o certeza de los datos y es sumamente valiosa en verticales de negocio tales como el sector bancario. Es una propiedad vinculada al proceso de entrada de datos y por ende está muy relacionada con la aplicación de la ciencia de datos.

- Valor. En contraste con la veracidad, que es una propiedad de entrada, el valor es una característica de salida o resultado propia de la aplicación de un proceso de negocio. La aplicación de *big data* sobre los datos del problema nos permite obtener un mayor valor estratégico y de negocio.

Las demás propiedades propuestas por diversos autores pueden ser consideradas como combinaciones de las tres propiedades principales, según el uso que se le dan a los datos en ciertas verticales de negocio como el sistema bancario o los servicios de salud. Por ejemplo, la propiedad *visualización* deriva del *valor*, mientras que la *volatilidad* tiene relación con el tipo de consideración que se hace del dato, es decir, refleja cuándo un dato deja de ser relevante o cuándo se ve cuestionada su *veracidad*.

En el caso de querer ahondar aún más en la discusión sobre los atributos que definen al *big data*, recomendamos el artículo escrito por Grimes [Gri13] sobre la relación entre los tres atributos primarios o canónicos y lo que él denomina «confusiones interpretativas».

4.3. Evolución del *big data*

Las definiciones volcadas en la sección 4.1 nos dan una idea de cómo los proyectos de datos, y por consiguiente el *big data*, fue evolucionando de forma incremental a lo largo del tiempo, ampliando su espectro a medida que iban apareciendo nuevas generaciones de soluciones de datos. Si bien hay opiniones encontradas, podemos identificar claramente cuatro generaciones o enfoques incrementales y coexistentes de los proyectos de datos: plataformas SQL (4.3.1); plataformas *batch* (4.3.2); plataformas de NRT (4.3.3), y plataformas de IA (4.3.4).

Un ejemplo del carácter incremental que tienen estas diferentes generaciones de proyectos de datos es la aparición de la arquitectura Lambda (presentada en la capítulo 8), donde conviven en una misma plataforma de datos soluciones orientadas tanto al procesamiento *batch* como al NRT.

Para poder entender mejor el devenir temporal de los distintos tipos de tecnologías, lo haremos con un paralelo al concepto biológico evolutivo de la especiación[Coo08, Coo06]. Si bien no pretendemos introducirnos en los conceptos de clasificación biológica, creemos que es relevante una breve introducción al concepto para entender el problema de demarcación de las distintas generaciones y al porqué la referencia al proceso de especiación.

La especiación se refiere a los procesos por los cuales una determinada población biológica se transforma en especies diferentes. Esto puede ocurrir de forma natural, como cuando factores geográficos son causa principal, o inducida, como en la cría de especies animales por los humanos. Si bien existen varios tipos de proceso de especiación, nos interesa particularmente la especiación simpátrica y la parapátrica [CO04].

En la especiación parapátrica, existe solo una separación parcial dada por la geografía, dándose que, aún con flujo genético entre las dos poblaciones divergentes, el *fitness* híbrido es desventajoso, propiciándose mecanismos que previenen las conjunciones. La especiación de este tipo requiere de un nicho ecológico para efectivizarse.

Por su parte, la especiación simpátrica ocurre cuando las poblaciones comparten el espacio ecológico, pero cuando sus comportamientos los llevan a un aislamiento funcional de unos con otros, como la asociación con distintas especies anfitrionas o un régimen alimentario distinto.

Un breve esquema de estos tipos de especiaciones puede encontrarse en la figura 4.1.

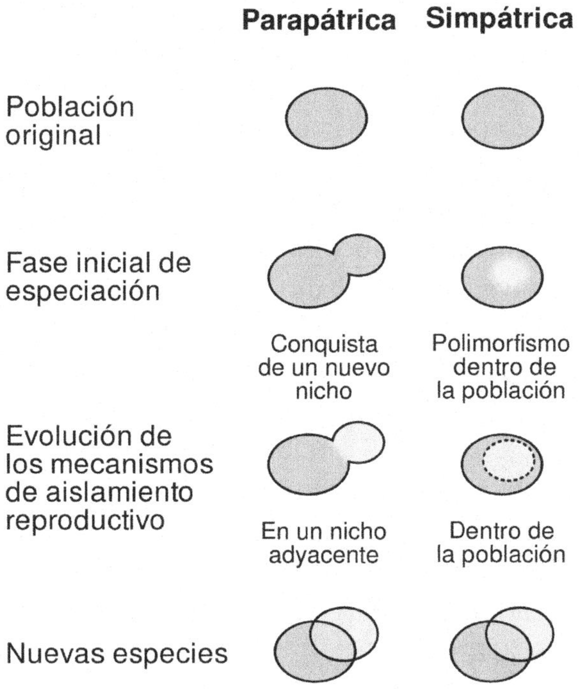

Figura 4.1. Comparación de las especiaciones parapátrica y simpátrica, fragmento [Com15]

El motivo de este descubrimiento biológico tiene que ver con la manera de definir e interpretar las cuatro especies de plataformas que se detallan a continuación. La aparición de las mismas responde a dinámicas muy similares a las biológicas ambientales, donde aparece un nicho de especialización dentro del terreno en que una plataforma ya se utilizaba, ganando en funcionalidad propia hasta volverse una plataforma diferente (por ejemplo las *batch*), o aparece un elemento justo por fuera de la frontera de manejo habitual que lleva al desarrollo de nuevas tecnologías, aunque sin demarcación clara de dónde empieza una y termina la otra (por ejemplo NRT).

La elección y preferencia de definición como especiaciones, en lugar de *ola*, *generación* o similares, radica en que no son plataformas de aparición secuencial y necesariamente superadoras, sino que son tecnologías que ganan en potencial al redefinir adecuadamente su ámbito de aplicación, especialmente en lo que respecta a un subconjunto de rangos en las tres V del *big data*. Conviven en un mismo escenario y se combinan para lograr un impacto mayor, aunque esto suele dar a confusión cuando se comparan erróneamente tecnologías que responden a especies distintas, simplemente por no comprender esa especiación.

Este concepto aplicado a la tecnología no es novedoso, aunque no es ampliamente difundido o entendido. Para un entendimiento más profundo sugerimos consultar el libro sobre gestión de tecnologías emergentes de la escuela de negocios de Wharton [DSG04, Cap. 3].

4.3.1. Primera especiación: plataformas de consulta estructurada o SQL

Soluciones centradas en herramientas basadas en SQL, cuyo auge se dio principalmente en las décadas de los ochenta y los noventa con la expansión de los sistemas de bases de datos relacionales, la inteligencia de negocio y el *data warehousing*.

Si bien esta categoría representa la primera generación de plataformas de datos, las alternativas SQL están viviendo un lento pero firme renacer de la mano de soluciones orientadas a consultas interactivas tales como Presto[14] o el módulo Spark SQL de Apache Spark[15], o incluso soluciones orientadas a la nube como Amazon Athena[16] (basada en Presto) o CockroachDB[17] (basada en Google Spanner [CDE+13]).

Estas plataformas encarnan la referencia en cuanto a lenguaje compartido de manipulación de datos se refiere, al punto que otras generaciones intentan el uso de lenguajes similares al SQL. La capa tradicional de plataformas SQL representarían el territorio donde se puede ser *data driven* sin llegar a ser propiamente *big data*

4.3.2. Segunda especiación: procesamiento en lotes o *batch*

Agrupa las soluciones basadas en el procesamiento masivo de datos en bloques o *batch*, mayormente del tipo SIMD[18] [Fly66, Fly72].

[14] Presto [Tra] https://prestodb.io/.

[15] Más información sobre Spark SQL (antes Shark) en [ELX+12, XRZ+13, AXL+15].

[16] Amazon Athena [Bar], https://aws.amazon.com/athena/.

[17] CockroachDB, https://www.cockroachlabs.com/. Algunos autores incluyen CockroachDB dentro de la relativamente nueva categoría de «NewSQL» [PA16].

[18] Según Michael J. Flynn existen cuatro formas de cómputo: Single-Instruction, Single-Data (SISD); Single-Instruction, Multiple-Data (SIMD); Multiple-Instructions, Single-Data (MISD); Multiple-Instructions, Multiple-Data (MIMD).

Esta generación tuvo su despegue con la publicación del artículo sobre MapReduce en 2004 [DG04, DG08] y luego se vio potenciada con el desarrollo de Apache Hadoop[19], la introducción de YARN [VMD+13] y otros proyectos de Apache relacionados con el ecosistema Hadoop como Hive[20], Tez[21] y Pig[22], entre otros.

En esta generación florecieron las bases de datos NoSQL o no relacionales, sobre todo a partir de las investigaciones publicadas por Google (en especial Big Table [CDG+08, GGL03, Bur06], proyecto en el cual se inspiró Apache HBase[23]). Algunos ejemplos de bases de datos NoSQL que alcanzaron gran popularidad son MongoDB[24], Apache Cassandra[25], o la ya mencionada Apache HBase. El artículo publicado por Pavlo y Aslett [PA16] es un buen punto de partida para entender la historia y las diferencias entre bases de datos SQL y NoSQL, además de la nueva categoría «NewSQL».

Aquí también surgen otras tecnologías de gran aceptación en el mundo del *big data* como Elasticsearch[26], motor de búsqueda y analíticas distribuido; Apache Kafka[27], que evolucionó de una cola de mensajes distribuida a perfilarse como una

[19] Apache Hadoop, http://hadoop.apache.org/. El origen de Hadoop se remonta al 2006, cuando fue desarrollado principalmente en Yahoo sobre la base de las ideas publicadas por Google.

[20] Apache Hive [TSJ+09], http://hive.apache.org/.

[21] Apache Tez [SSS+15], http://tez.apache.org/.

[22] Apache Pig [ORS+08], http://pig.apache.org/.

[23] Apache HBase, http://hbase.apache.org/.

[24] MongoDB, https://www.mongodb.com/.

[25] Apache Cassandra, http://cassandra.apache.org/. Más información en [LM09]. Facebook liberó el código fuente de Cassandra a la *Apache Software Foundation* en 2009, convirtiéndose en un proyecto de nivel superior de Apache en 2010.

[26] Elasticsearch, https://www.elastic.co/products/elasticsearch.

[27] Apache Kafka [KNR+11, GKK+12], https://kafka.apache.org/.

plataforma distribuida de *streaming*; Apache Oozie[28], el sistema de planificación de flujos de ejecuciones (*scheduler*) de Hadoop por excelencia; Apache Sqoop[29], herramienta pensada para hacer transferencias de alta velocidad entre Hadoop y medios de almacenamiento de datos estructurados como bases de datos relacionales, y Apache Zookeeper[30], sistema de coordinación de alto rendimiento para aplicaciones distribuidas, inspirado en Google Chubby [Bur06]; entre otras tecnologías.

4.3.3. Tercera especiación: procesamiento cercano al tiempo real o NRT

Esta generación tiene su relación directa con las herramientas y los *frameworks* orientados al procesamiento «cercano al tiempo real» o Near Real-Time (NRT), particularmente las que atacan problemáticas de *streaming* de datos. No hay una forma simple de traducir al castellano todos los conceptos que se engloban en la palabra *stream*, ya que las traducciones directas como flujo, corriente o torrente no hacen justicia a la amplitud del término. Por tanto, hemos decidido reproducir la definición de Martin Kleppmann [Kle17, capítulo 11], que expone que cuando hablamos de *streaming* de datos en realidad estamos haciendo referencia al conjunto de datos que se incrementan de forma constante a lo largo del tiempo.

Una vez que los *streams* están identificados, se pueden realizar varios tipos de procesamientos. Las tres opciones principales son [Kle17]:

1) escribir los datos en un sistema de almacenamiento desde donde pueden ser consultados por otras aplicaciones;

[28] Apache Oozie [IHB+12], http://oozie.apache.org/.
[29] Apache Sqoop, http://sqoop.apache.org/.
[30] Apache Zookeeper [HKJR10], http://zookeeper.apache.org/.

2) disparar acciones hacia los usuarios a partir de los datos, como por ejemplo alertas (*push notifications*) o correos electrónicos;

3) generar otros *streams* de salida a partir de aplicar operadores o transformaciones a los *streams* de entrada.

Las soluciones de procesamiento de NRT se hicieron muy populares a partir del 2010 con la aparición de Apache Storm[31] y, especialmente, de Apache Spark[32], al punto de que no tardó mucho tiempo en convertirse en el proyecto más activo de *big data* de Apache[33]. Siguiendo esta tendencia, en los últimos años empezaron a proliferar otras plataformas tales como Apache Flink[34]. que se está convirtiendo en el principal rival de Spark en cuanto a potencialidad y popularidad debido a su modelo enteramente orientado al procesamiento NRT y a sus capacidades de procesamiento de eventos complejos (CEP por sus siglas en inglés). También ha proliferado Apache Samza[35], plataforma distribuida para procesamiento de *streams*, ideada como implementación de la arquitectura Lambda. Además, podemos incluir en esta tendencia la reciente reconversión de Apache Kafka en una plataforma de *streaming* que mencionamos en la sección anterior [Krea].

Con la aparición de estas herramientas de *streaming*, también empezaron a surgir otros conjuntos de herramientas relacionadas, o incluso de soporte, tales como Apache Nifi[36], una

---

[31] Apache Storm [TTS+14], http://storm.apache.org/.

[32] Apache Spark [ZCF+10, ZCD+12], https://spark.apache.org/.

[33] Spark pasó de poco más de trescientos *contributors* en 2014 a más de seiscientos en septiembre de 2015 [Tay].

[34] Apache Flink [CKE+15], urlhttps://flink.apache.org/.

[35] Apache Samza [Ric], http://samza.apache.org/. Al igual que Kafka, Samza fue ideado y desarrollado por los ingenieros de LinkedIn.

[36] Apache NiFi, https://nifi.apache.org/.

plataforma de logística de datos que permite automatizar los movimientos de datos entre sistemas dispares; o Apache Zeppelin[37], una herramienta basada en la web («*web-based notebook*») cuya principal función es permitir a los ingenieros, analistas y científicos de datos realizar operaciones de ingestión, análisis, visualización y colaboración de datos de forma simple y sin tener que utilizar la línea de comandos.

4.3.4. Cuarta especiación: plataformas de inteligencia artificial

Aplicaciones de datos cuyas características fueron pensadas para dar soporte a técnicas de inteligencia artificial (IA), que datan de tan atrás como la década de los cincuenta pero que tuvieron un renacer en los últimos años con la aparición y popularización de técnicas de *deep learning* [DY$^+$14].

El impacto particular de las plataformas de IA radica en las necesidades de volúmenes de datos en el extremo superior de las medidas usuales, a los cuales se debe poder acceder en *batches* a grandes porciones de los datos y de forma repetida para instancias de entrenamiento, mientras que se necesita un procesado NRT para su uso en producción frente a *streams* de eventos y datos. Estos usos no se dan de manera secuencial y definitoria, sino que se alterna entre uno y otro uso permanentemente.

Estamos frente a un cambio de paradigma en el cual las tecnologías de núcleo de *big data* se utilizan para atacar desafíos cruciales de la ingeniería de datos, y los mecanismos de aprendizaje automático (*machine learning*) se utilizan para extraer valor de los datos, ya sea en forma de conocimiento o *experti-*

[37] Apache Zeppelin, https://zeppelin.apache.org/.

se analítico, o en forma de acciones [Tur17]. Esta temática se vuelve a tratar, ya con más detalle, en el capítulo 9.

4.4. Fundamentos de una arquitectura de datos

Si bien no existe una receta infalible que nos permita desarrollar una arquitectura de datos perfecta, la práctica y el desarrollo de diversos proyectos de *big data* nos permite identificar ciertos fundamentos que contribuyen a una arquitectura de datos exitosa.

Por lo general, las arquitecturas de datos se basan en la combinación de diferentes componentes o bloques que varían según las características y necesidades de cada proyecto. Dichos bloques se relacionan, por lo general, con diferentes fases o finalidades como pueden ser la ingestión, el procesamiento o la visualización de datos. Estas fases se conocen como perspectivas o prácticas de datos, mientras que los bloques son comúnmente denominadas etapas de datos, revistiendo cierta analogía con las tuberías (del termino inglés *data pipeline*). En el capítulo 8 se detallan las alternativas prácticas de implementación de estos conceptos mediante diversos arquetipos de proyectos de datos.

4.4.1. Perspectivas prácticas

En la ejecución de un proyecto de *big data* existen diversas prácticas que intervienen en la vida de los datos y su relación con el proyecto en sí. Al igual que ocurre con las otras definiciones que hemos ido presentando a lo largo del libro, no existe un consenso sobre el número, propósito y alcance de estas prácticas. A grandes rasgos, podemos decir que hay cuatro prácticas principales:

1. Integración. Es la práctica en la cual se tiene el primer contacto con los datos del proyecto. Es aquí donde se aplican los procesos de extracción, transformación y carga, frecuentemente abreviado como ETL (del inglés *Extract, Transform and Load*). Esta práctica también es responsable de los procesos de gobierno de datos, aseguramiento de la calidad de los datos, y orquestación del ciclo de vida de los datos en el proyecto, sin dejar de lado las buenas prácticas sobre la seguridad de los datos.

2. Procesamiento. Esta práctica es la que constituye el *kernel* de la plataforma de datos. Es aquí donde se almacenan los datos de forma masiva, tanto en los tradicionales sistemas de *data warehousing* como en bases de datos distribuidas y no relacionales. Es también aquí donde se aplican la mayoría de las tecnologías de cómputo paralelo que se asocian con el *big data*, como Hadoop [Apad] o Spark [Apah]. Sobre esta práctica se construyen y cimientan los productos de datos que luego son utilizados por individuos y organizaciones.

3. Explotación. Esta práctica está íntimamente relacionada con la Ciencia de Datos. Es la que nos permite ir más allá de la comprensión de los datos aplicando herramientas matemáticas y estadísticas para disminuir la brecha entre lo que conocemos y lo que nos gustaría conocer a partir de los datos disponibles en la plataforma de datos (o *data lake*). Es aquí donde se desarrollan los procesos de predicción, clasificación y optimización para

responder preguntas como ¿qué más puedo aprender de los datos?, ¿qué nuevo conocimiento está implícito en los datos al que no podía acceder antes?

4. Visualización. Es en esta práctica donde se consigue una mayor comprensión del valor real que se puede obtener de los datos mediante visualizaciones bien diseñadas que van más allá de la imagen estática de los indicadores y del estado actual del negocio. Es aquí donde se diseñan soluciones de visualización que permitan sintetizar conjuntos complejos de datos en vistas, gráficos o tableros de mando capaces de revelar y poner a disposición resultados en formas que las herramientas tradicionales no pueden lograr.

4.4.2. Etapas y tecnologías

En los últimos tiempos se ha hecho evidente que el *big data* ha pasado de ser una novedad y «eso» que todas las empresas querían entender e incorporar a establecerse como una práctica madura y generadora de tecnologías con posibilidades reales de reemplazar los sistemas *legacy* de las pequeñas y grandes empresas.

Las posibilidades que se abren de la combinación de las nuevas tendencias en inteligencia artificial y las ya maduras herramientas de *big data* son enormes. Sin lugar a dudas esta dupla está llamada a convertirse en el motor de una revolución en prácticamente todos los procesos de la vida cotidiana, más allá de las modas pasajeras o *hype*. Muchos de estos cambios ya se están empezando a notar en nuestra vida cotidiana: reconocimiento y generación automática de voz; procesamiento complejo de imágenes y patrones; optimización de procesos industriales; asistentes virtuales[38]; etc.

En la sección anterior introdujimos las perspectivas prácticas de los proyectos de *big data*: integración, procesamiento, explotación y visualización. Ahora presentaremos una perspectiva más centrada en la implementación y despliegue de esas perspectivas, comenzando por la descripción de la tubería de datos.

La aproximación más amplia e integradora de la tubería de datos es la que incluye las etapas de ingestión, almacenamiento, ejecución o procesamiento, y reporte o visualización. Si bien los nombres de las etapas de la tubería de datos coinciden en parte con las perspectivas prácticas, no hay una relación de emparejamiento total, como tampoco fronteras bien definidas. Por ejemplo, podemos encontrarnos con que la etapa de almacenamiento forma parte de la práctica de integración, de procesamiento o incluso de ambas por separado.

A continuación introducimos cada una de las etapas de la tubería de datos, aportando los conceptos básicos de cada una, así como también las aspectos que deben ser tenidos en cuenta en cada etapa, y también una serie de preguntas guía que nos ayudarán a definir de mejor manera los problemas y procesos propios de cada etapa.

Ingesta de datos

En esta etapa es donde tiene lugar la adquisición y transformación de los datos, por tanto tiene mucha relación con la práctica de integración de datos. Típicamente esta etapa incluye procesos como la recolección y adquisición de datos de sistemas dispares y heterogéneos, el enriquecimiento y la con-

[38]Como por ejemplo Siri y Alexa.

solidación de los datos, y la carga de datos en un repositorio centralizado construido con fines analíticos.

Es aquí donde debemos tener en cuenta la forma en que se capturan los datos, las fuentes, estructuras y velocidad de captura de los mismos. Otras procesos que suelen ser incluidos en la etapa de ingesta de datos son programación de los trabajos y tareas propias de los ETL, las tareas de particionamiento de datos, de manejo de errores, de control de la calidad y publicación de los datos.

Las preguntas guía para esta etapa son:

- ¿Tenemos que lidiar con sistemas de almacenamiento heredados?
- ¿Necesitamos almacenar datos de forma temporal (*buffering*)?
- ¿Existen diferentes niveles de calidad de servicio que deben ser considerados o con los que tenemos que lidiar?
- ¿Los datos ya están limpios? ¿Están en el formato correcto?
- ¿Necesitamos o queremos transformar los datos antes de procesarlos?

Vale la pena recordar que las fuentes de datos son, por lo general, una restricción de negocio. Estas fuentes pueden ser bases de datos relacionales, archivos de texto plano, API, redes sociales o contenido enriquecido. Debido a esto existen diversos lenguajes de programación y estrategias para llevar adelante la ingesta de datos, ya sea SQL, Java, Python o incluso una solución más compleja como plataformas de integración de datos tales como Pentaho Data Integration [Cor], [SdlV].

Almacenamiento de datos

Esta etapa es central en la mayoría de los proyectos de *big data* debido a que todo lo relacionado con el almacenamiento de datos es central en la definición de una plataforma de datos.

Uno de los puntos principales a considerar es dónde y cómo almacenar los datos. Aquí entran en consideración —y conflicto— ideas tales como almacenamiento centralizado o distribuido, el uso de bases de datos relacionales o enfoques NoSQL, confiar en técnicas de replicación de datos o apelar al reprocesamiento en caso de fallos, el almacenamiento local contra el almacenamiento en la nube, etc.

La centralidad de esta etapa resulta evidente si pensamos que las decisiones que se tomen en cuanto al almacenamiento afectarán en gran medida la elección de las tecnologías, las herramientas e incluso los lenguajes de programación que se utilizarán para el procesamiento y la visualización de los datos. De forma similar, en el momento de pensar en el almacenamiento es imprescindible tener en cuenta las etapas de procesamiento y visualización de datos, ya que la sinergia entre ellas es vital.

Las preguntas guía para esta etapa son:

- ¿Cómo planeamos almacenar y acceder a los datos?
- ¿El almacenamiento puede/tiene que ser local, distribuido, en la nube, híbrido?
- ¿Qué volumen de datos vamos a soportar?
- ¿Qué tipo de uso/acceso se hará a los datos? ¿Será intensivo en lectura, escritura o ambos?
- ¿Necesitamos plantear estrategias para las copias de seguridad, seguridad y gobierno de los datos?

Procesamiento de datos

Teniendo ya definida la etapa de almacenamiento, podemos enfocarnos en cómo realizar el procesamiento y obtener valor de los datos. Esta etapa se relaciona directamente con las perspectivas de procesamiento y explotación que vimos en la sección 4.4.1.

El procesamiento tiene dos vertientes principales, directamente relacionadas con la segunda y tercera especiación que introdujimos en la sección 4.3: *batch* y *streaming*. El tipo de procesamiento que se vaya a definir tiene mucho que ver con qué tipo de respuestas necesitamos proveer, sobre qué conjunto de datos vamos a trabajar, y en qué ventana temporal debemos generar los resultados (además de la variable económica). Una vez tengamos la respuesta a esa pregunta, podemos empezar a estudiar y elegir las tecnologías a aplicar. Dentro de la elección de las tecnologías es importante tener en cuenta condiciones de negocio o de calidad de servicio tales como la tolerancia a fallos, los contratos de nivel de servicio a proveer, las estrategias de replicación de los resultados, el coste de licencias en caso de que se aplique y la compatibilidad de las herramientas con el método de despliegue (ya sea en la nube o local), entre otros.

Las preguntas guía para esta etapa son:

- ¿Necesitamos procesar varias fuentes de datos?
- ¿Existe algún tipo de restricción en las soluciones a proponer?
- ¿Es necesario considerar soluciones de NRT o *business real time*?
- ¿Qué hacemos con la alta disponibilidad (*high-availablity*)? ¿Y la tolerancia a fallos?

Reporte y visualización de datos

La última de las etapas de la tubería de datos es la que aporta el toque final al proceso y donde se ve reflejado el valor final de los datos. Es en esta etapa donde los usuarios finales realmente toman control y pueden acceder a los resultados del procesamiento. La visualización afecta a la forma en que los datos son provistos a los usuarios finales y el valor que estos pueden extraer de dichos datos, permitiendo así reducir lo que se conoce como *time-to-insight*.

Una buena solución de visualización es aquella que permite a los usuarios relacionarse de una forma interactiva con los datos y poder operar sobre ellos de forma simple, concisa y eficiente. Dentro de las opciones de visualización está la de permitir a los usuarios por sí mismos realizar un descubrimiento de los datos con el fin de explorar lo desconocido y navegar los datos para encontrar patrones y tendencias ocultas, sin tener que esperar a que un equipo de inteligencia de negocio o de explotación de datos lo haga por ellos.

En esta etapa hay tres puntos que son fundamentales: el tipo de visualización a utilizar; el nivel de interacción gráfica esperado, ya sea vía web o por medio de un dispositivo móvil; y el tiempo de respuesta, que quizás es el factor más crítico en cuanto a usabilidad de la visualización. Una breve pero completa introducción a diferentes tipos de visualizaciones se puede consultar en el trabajo de Maila Hardin y otros [HHPW12]. De forma similar, Stephanie Yee y Tony Chu presentan un gran ejemplo de explotación de visualización para explicar conceptos tan complejos como machine learning de forma simple y visual [YC15].

Las preguntas guía para esta etapa son:

- ¿Cómo pensamos exponer los resultados de los cálculos/procesos?
- ¿Hay necesidad de plantear reportes dinámicos/interactivos?
- ¿Tenemos que diseñar tableros de control (*dashboards*)? ¿Quiénes serán los usuarios principales de los tableros?
- ¿La capa de visualización tiene que incluir capacidades de consulta?
- ¿Es necesario contar con valores precalculados para la visualización (por ejemplo promedios varios)? ¿Es preferible que los usuarios puedan profundizar las consultas en tiempo real sin limitaciones o solo puedan llegar hasta un nivel predefinido?
- ¿Cuántos usuarios utilizarán la capa de visualización de forma concurrente? ¿Todos ellos deben tener acceso a la misma variedad de información?
- ¿Existe algún presupuesto destinado a pagar las licencias de las herramientas de visualización? ¿Es necesario construir la capa de visualización desde cero?

Resumen

¿Qué esperamos que te hayas llevado de este capítulo?

- La definición de qué es *big data*.
- Una idea inicial sobre la evolución de los proyectos de datos.

- Un mejor entendimiento acerca de las prácticas de *big data.*
- Una visión general de las tecnologías punta de *big data.*

Capítulo 5

Empezando de cero: caminando hacia un producto viable mínimo

Introducción

Con el auge del *big data* de los últimos años empezaron a aparecer una infinidad de recetas sobre cómo llevar adelante un proyecto de datos, algunas de las cuales son realmente excelentes. En este capítulo trabajaremos para asentar las bases de un proyecto de datos exitoso a partir de lo que aprendimos ejecutando nosotros mismos diversos proyectos, desde pequeñas pruebas de concepto hasta grandes implementaciones en bancos de alcance global.

5.1. Primer paso: pensar en objetivos

En el momento de arrancar un proyecto de *big data*, uno de los errores más comunes es anteponer la tecnología a la resolución de objetivos y conocimiento de negocio. Entender esto y evitarlo, aunque parece simple de lograr, en la práctica no lo es; sobre todo cuando estamos empezamos a trabajar con este tipo de proyectos.

¿Por qué empezar por los objetivos antes que por las tecnologías? Básicamente por dos motivos principales. Por una parte, porque al final del día el éxito o el fracaso de un proyecto se mide por qué tan bien logra resolver el problema y, por tanto, si puede satisfacer los objetivos de negocio. Una solución puede ser tecnológicamente brillante pero, si no está bien alineada con el objetivo de negocio, convierte el proyecto en un fracaso. Por otra parte, no debemos olvidar que el ecosistema del *big data* está en evolución constante y la gran mayoría de las tecnologías tienen un ciclo de vida acelerado, lo que implica un grado no menor de riesgo. No nos olvidemos de que muchas de las herramientas de *big data* comienzan a ser utilizadas en entornos de producción incluso en sus versiones preliminares no estables[1].

Otro punto importante a tener en cuenta es que, a causa de estos ciclos de vida acelerados de las tecnologías, hay herramientas de *big data* que aparecen y desaparecen del ecosistema en cuestión de meses. Sin ir más lejos, solo en Apache existen más de cuarenta proyectos de *big data* activos[2], sin considerar los que se encuentran en otras categorías relacionadas. Todo esto vuelve realmente complicado poder estar al día y conocer a fondo todas las herramientas que pueden ser aplicadas en un proyecto de datos. En este contexto, es mucho más valioso —y efectivo— empezar los proyectos pensando en cómo

[1] Por ejemplo Apache Storm o Apache Kudu [Apaf], que fueron ampliamente utilizadas estando aún en en la incubadora de proyectos de Apache. Más sobre Apache Incubator en http://incubator.apache.org/.

[2] Dato recabado en julio de 2017. Más información en http://bit.ly/2zeRDaL.

solucionar los objetivos de negocio. Ya con esas definiciones podemos pensar en los módulos o bloques necesarios según vimos en el capítulo 4; y luego «bajar la solución a la tierra» con un enfoque más orientado a herramientas y tecnologías particulares.

A continuación, recopilamos una serie de situaciones que surgen cuando las compañías deciden iniciar un proyecto de datos. Este tipo de afirmaciones suelen ser buenos indicativos de proyectos que no tienen origen en un problema u objetivo de negocio concreto. Nuestra sugerencia es que, al encontrar este tipo de situaciones, se tomen un tiempo para una revisión más a profundidad de la necesidad real de plantear soluciones de *big data*, a fin de evitar problemas futuros de antemano como:

- El área de negocio sabe que sus datos tienen mucho valor pero no son capaces de optimizarlos o potenciarlos.
- Tenemos un proceso de datos funcionando, pero la salida no es lo suficientemente clara y no sabemos bien por qué.
- La compañía necesita hacer tal o cual cosa pero no saben qué datos necesitan para lograrlo.
- Las demás empresas del sector están usando *big data*, por lo tanto nosotros también tenemos que hacerlo.

Sin lugar a dudas, el aprovechamiento de los datos es la piedra angular que las diferentes industrias han buscado aprovechar durante décadas. Finalmente, gracias a la consolidación del *big data* y su movimiento hacia la inteligencia artificial, estamos en condiciones de poder lograrlo y realmente aprovechar los datos. El gran reto de las compañías radica en poder implementar soluciones que les permitan desarrollar y aprovechar esa piedra angular dentro del marco de procesos que puedan escalar, que sean eficientes y cuya utilización y mantenimiento no genere un nuevo problema en sí mismo.

5.2. Segundo paso: definir un producto mínimo

El avance de la ingeniería y el desarrollo de software a lo largo de los años nos han permitido aprender el valor que tiene pensar y aplicar metodologías de desarrollo ágil, especialmente cuando las mismas nos permiten llegar a resultados en cuestión de semanas o meses, en contraposición a los semestres o años propios de las metodologías de desarrollo tradicionales. Esta «agilidad» es de vital importancia para el éxito de los proyectos de datos.

Antes de adentrarnos más en cómo llevar adelante proyectos de datos de forma ágil, necesitamos introducir el concepto de producto viable mínimo o Minimum Viable Product (MVP). Hemos elegido la concisa pero excelente definición de Eric Ries [Rieb, Rie11], reconocido experto en la materia:

> «The minimum viable product is that version of a new product which allows a team to collect the maximum amount of validated learning about customers with the least effort.»[3]

De esta definición se desprenden dos conclusiones directas. La primera es que si el artefacto que construimos no nos permite aprender de los clientes, ese artefacto no es un MVP. Lo

[3]Traducción propia: «Un producto viable mínimo es esa versión de un nuevo producto que permite a un equipo reunir la mayor cantidad posible de aprendizaje validado acerca de los clientes con el menor esfuerzo.».

segundo es que dicho aprendizaje viene de fuera del equipo de desarrollo y que sin clientes no podemos aprender, y por tanto el MVP se convierte en un fracaso. Un MVP es más que un producto, es un camino de aprendizaje [Kro].

También podemos definir el MVP desde un punto más cercano a la economía como aquel producto único que maximiza el retorno sobre la inversión (ROI por las siglas en inglés de Return of Investment) tanto para el vendedor como para el cliente. Vale la pena remarcar que el MVP no es el objetivo final del proyecto, al contrario: es una forma práctica de poder mejorar las posibilidades de poder llevar adelante un proyecto de datos exitoso. Un MVP realmente es una táctica para reducir el desperdicio de horas de ingeniería y poner el producto en las manos de «clientes visionarios» tan pronto como sea posible [Bla].[4]

En lo que resta del capítulo iremos adentrándonos en cómo pensar y diseñar un producto viable mínimo. Veremos cómo y por dónde empezar a trabajar en un MVP (5.2.1), además de los conceptos e ideas generales de un desarrollo iterativo (5.2.2 a 5.3.2). Más adelante, en el capítulo 8, ahondaremos en las estrategias de implementación de un MVP y analizaremos además las principales diferencias con los prototipos o pruebas de concepto.

5.2.1. Por dónde y por qué empezar

Sin lugar a dudas, un MVP resuelve una gran cantidad de problemas, especialmente en las primeras iteraciones de un producto. Sin embargo, lograr el balance correcto no es para nada simple. A medida que el tamaño del producto aumenta, también lo hacen los riegos; mientras que, por el contrario, a

[4]Blank utiliza el término Minimum Feature Set en lugar de MVP.

medida que reducimos el producto se incrementa la posibilidad de que carezca de las características o cualidades básicas para ser viable. El MVP se encuentra en el delicado punto balance entre esos dos escenarios donde con un bajo riesgo o esfuerzo se consigue un alto ROI.

Como adelantamos en las secciones anteriores, siempre debemos comenzar por el entendimiento de las condiciones de negocio y de la problemática a resolver. A modo de guía, hemos incluido los pasos que consideramos fundamentales para poder llegar a aplicar el método de desarrollo de MVP, tal y como se verá en más profundidad en el capítulo 8. Estos pasos son:

1. entendimiento de negocio,
2. maquetado de perspectivas,
3. definición de infraestructura y soporte,
4. definición de interfaces y etapas[5],
5. planteo del esquema de *deployment* continuo.

La metodología a seguir se basa en pensar de atrás para adelante, desde el negocio hacia la tecnología, y desde el resultado esperado hacia el producto de datos o *data product*. Desde ahí podemos pensar en las etapas de la tubería de datos. Aplicando una analogía con el mundo físico, cuando planteamos el modelo de MVP, de alguna forma buscamos replicar el impacto que tienen los enfoques como el utilizado en el proyecto littleBits[6] en la electrónica. Idealmente buscamos tener

[5]Cada una de las etapas puede ser un MVP *per se*.
[6]Más información en https://littlebits.cc/.

bloques de datos que puedan ayudarnos a armar un proyecto de datos, tal y como los bloques de construcción littleBits permiten armar soluciones acotadas pero funcionales de electrónica.

En la mayoría de los casos aprender de las iteraciones de un MVP es más económico que desarrollar un producto de mayores dimensiones, de mayor costo y riesgo si el producto falla. El motivo más común de fallos de un proyecto es la existencia de suposiciones incorrectas.

5.2.2. Concepto e idea de desarrollo iterativo

La idea de desarrollo iterativo es lo que nos permite ir mejorando de forma continua nuestro producto, sumando *features* de forma incremental en pos de lograr convertir el producto en algo viable y, por tanto, en un MVP.

En el desarrollo iterativo es muy importante mantener la visión a largo plazo del producto, en la solución como un todo, y no dejarse llevar por el *release early, release often*[7] y las exigencias de los usuarios a corto plazo. Tampoco tenemos que caer en la definición de productos tan mínimos que terminan siendo incompletos o poco útiles al nivel de que nadie lo necesita ni tampoco lo compraría. El primer paso es el de analizar si existe un mercado para el producto que tenemos pensado desarrollar, esa es la primera hipótesis a analizar. Si realmente no existe mercado para el producto el mejor escenario es enterarnos en esta fase, antes de empezar a construir, o teniendo el menor gasto de horas de ingeniería, tal y como se expuso en secciones anteriores.

[7] Estas son ideas muy relacionadas con las metodologías ágiles pero que muchas veces son mal interpretadas o mal ejecutadas

Pese a que no existe una receta para definir la duración de las iteraciones, en la práctica se suelen aplicar *sprints* de dos o tres semanas. Esta ventana temporal es lo suficientemente granular como para poder aprovechar el concepto de evolución rápida o *fail fast* propia de los desarrollos ágiles, pero a la vez es lo suficientemente larga como para poder hacer progresos apreciables. Normalmente, cuando existen desarrollos relacionados con la ciencia de datos o *machine learning* se recomienda trabajar con *sprints* de tres semanas ya que un periodo de dos semanas suele ser muy acotado.

Como veremos en la próxima sección, un MVP se plantea para ser desarrollado —idealmente— siguiendo el ciclo de «idear, construir, medir y aprender»[8] [Riea]. Sin embargo, en el momento de realizar su diseño, se sigue un orden inverso comenzando por el planteo de una serie de hipótesis a comprobar (aprender), luego se plantean una serie de métricas o Key Performance Indicator (KPI) que nos permitan extraer la información que nos ayude a comprobar la hipótesis (medir) y por último construimos el MVP que necesitamos para poder medir y aprender sobre nuestra hipótesis. Esto es exactamente a lo que hacíamos referencia en las secciones anteriores cuando planteamos la necesidad de comenzar de adelante (negocio) hacia atrás (tecnología), desde la decisión esperada hacia el *pipeline* de *big data*, pasando por la definición del producto de datos.

[8]Esta forma de trabajar se inspira en la idea del ciclo de Boyd o bucle OODA, del inglés *Observe, Orient, Decide, Act*, desarrollado en los años cincuenta por el estratega militar estadounidense John Boyd.

5.3. Tercer paso: lograr viabilidad

5.3.1. ¿Cómo obtener valor en cada iteración?

Como explicamos anteriormente, cada iteración del bucle «idear, construir, medir y aprender» finaliza con la aplicación de una mejora al MVP, o incluso un MVP totalmente nuevo según sea el resultado —y aprendizaje obtenido— de las métricas que hayamos planteado.

El valor agregado de cada iteración es esencialmente el conjunto de mejoras, adaptaciones o replanteos totales que se desprende de dicho aprendizaje. Con cada nueva iteración evaluamos nuestras hipótesis como ciertas, falsas o identificamos la necesidad de reformularlas o modificarlas para volver a comprobar nuestras ideas.

Con cada nueva iteración, sobre todo con aquellas que apunten a las principales hipótesis como la existencia de mercado para el producto, es necesario tomar la decisión trascendental de continuar iterando en base a la línea que estamos siguiendo, en caso de que las hipótesis sean suficientemente acertadas, o modificar el rumbo y cambiar de forma drástica la formulación de nuestras hipótesis, en caso de que no nos estemos acercando a la solución adecuada [Rie11]. Este último escenario no implica el fracaso del proyecto, al contrario. Es muy importante perder el miedo a tomar la decisión de modificar el rumbo del proyecto en caso de ser necesario. Para poder lograrlo, es fundamental contar con métricas bien diseñadas que nos permitan obtener conocimiento real acerca de los usuarios y que a su vez sean accionables.

Hasta aquí hemos visto que, para obtener valor en cada iteración, es necesario:

1) definir de forma concisa y asertiva las métricas a utilizar desde el inicio del proyecto;

2) evaluar las métricas a consciencia en cada iteración;

3) mejorar o ajustar el MVP según el resultado de la evaluación.

Si bien existen diversas recetas para llevar adelante el punto 3, las mejores opciones son las que nos permiten definir historias de usuario (User Stories, US) que sumen valor y puedan desarrollarse a plazos. Ejemplos de dichas estrategias son el desarrollo guiado por pruebas (Test-Driven Development, TDD) [Bec03], y el desarrollo guiado por el comportamiento (Behavior-Driven Development, BDD) [Nor].

Para poder aplicar de forma eficiente el enfoque basado en TDD es necesario tener experiencia previa con la metodología; sino es muy fácil terminar introduciendo mucho trabajo adicional. El BDD[9], por su parte, fue diseñado para lograr que las prácticas de desarrollo ágil fueran más accesibles para equipos con poca experiencia en desarrollo ágil de software. El BDD permite además conjugar tanto los objetivos de negocio como los desafíos técnicos y tecnológicos dentro de un mismo proceso de desarrollo de software. Estas características convierten el BDD en la técnica ideal para empezar a desarrollar un MVP, sobre todo si es la base de nuestro primer producto de datos.

[9]El BDD se desarrolló a partir del TDD combinando también técnicas propias del diseño guiado por el dominio (Domain-Driven Design, DDD) [Eva04] y también algo del análisis y diseño orientado a objetos (Object-Oriented Modeling and Design, OOMD) [RBP+91].

5.3.2. ¿Cuándo finalizan las iteraciones? ¿Cómo socializamos el MVP?

De lo expuesto en las secciones anteriores podemos concluir que el MVP no es tal hasta que no lo socializamos con personas «externas» al desarrollo del proyecto y esas personas no están usando y dando *feedback* del producto. Hasta no lograr eso nuestro producto es simplemente una hipótesis no validada.

Algunos expertos sugieren que en un modelo de Business to Business (B2B)[10] un desarrollo no es completamente un MVP hasta que se vende. En dicho contexto *viable* significa *vendible*.[11]

Ahora bien, para poder llegar a ese punto en el cual debemos socializar el producto, es necesario definir cuándo dejar de iterar sobre el producto. Lamentable, y obviamente, no existe una receta que nos permita definir el número de iteraciones que debemos realizar y, por lo general, no es posible definir el producto antes de iniciar las iteraciones, ya que su evolución depende directamente del resultado de las mediciones de los KPI de las hipótesis. Dicho esto, una buena práctica durante el desarrollo de las iteraciones es plantear la pregunta «¿Cuál es la siguiente cosa más importante que el producto no hace?». A medida que se nos va haciendo más difícil responder a esta pregunta, las probabilidades de que nos estemos acercando al final de las iteraciones aumenta.

[10] Tradicionalmente el modelo B2B es aquel en el que las transacciones y demás operaciones económicas se producen entre dos empresas o de negocio a negocio.

[11] El significado de qué es viable difiere mucho según el contexto o mercado. Por ejemplo, lo que se considera un videojuego viable (donde el público es muy exigente) es muy diferente a un sitio web viable. La expectativa de un producto viable, y por tanto su definición, depende altamente del contexto en el que se trata y del público al que está dirigido.

A continuación, en el gráfico de la figura 5.1, se representan las variables que intervienen en el desarrollo de un MVP:

- la probabilidad de adopción $P(a)$, que disminuye con el transcurso del tiempo;
- el valor acumulado logrado al finalizar cada iteración $V(i)$, que aumenta a medida que madura el producto;
- el valor estimado conjunto VEC, que es el producto de las dos anteriores;
- el retorno de la inversión ROI representado en el eje Y;
- el tiempo total de desarrollo T representado en el eje X y dividido en iteraciones t_i.

En el gráfico se observa que, a medida que el tiempo de desarrollo se incrementa, se reduce la probabilidad de adopción de las características incluidas en el MVP mientras que aumenta el valor total a cada iteración. A medida que reducimos el tiempo, el MVP se acerca más a un «producto mínimo», pero no viable. Por el contrario, a medida que incrementamos el tiempo de desarrollo, el MVP se acerca más a un «producto completo» tradicional, pero no mínimo, aumentando los riesgos del desarrollo. El fin de las iteraciones se encuentra en el punto de equilibrio entre el $P(a)$ y el $V(i)$, en el que se busca maximizar el VEC pero sin penalizar las otras variables. En el ejemplo de la figura 5.1, la línea punteada vertical representa el límite de iteraciones que define el punto de viabilidad del producto, es decir, el momento en que se alcanza el VEC deseado o de frontera.

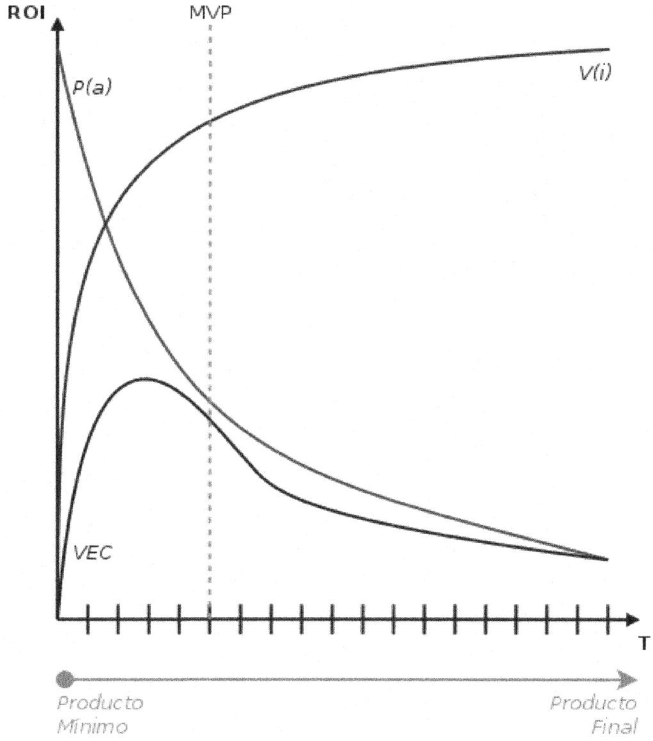

Figura 5.1. Ejemplo de esquema de evaluación de iteraciones de un MVP

Resumen

¿Qué esperamos que te hayas llevado de este capítulo?

- La importancia de empezar por los objetivos de negocio.
- El entendimiento de qué es un producto viable mínimo.

Capítulo 6

Errores de novatos y otras lecciones aprendidas a golpes

Introducción

En este capítulo daremos revista a algunas lecciones puntuales aprendidas en la práctica del desarrollo de soluciones de *big data*, dando contexto de por qué son errores muchas veces camuflados a plena vista, y cómo mitigarlos.

Dando los primeros pasos, ejecutando proyectos, a veces con éxito y otras aprendiendo de los fracasos, hemos aprendido —muchas veces de la forma difícil— algunos aspectos sobre los cuales podemos no tener consciencia, o incluso podemos haber leído sobre ellos, pero que se nos han antojado como evidentes o irrelevantes en la teoría. La práctica ha sido implacable con esos preconceptos erróneos, que hoy en día representan una prueba de cordura (o *sanity check*) sobre la salud de la ejecución del proyecto.

6.1. Definiciones tácitas

El *big data* y los demás términos relacionados (como *data science*, *data driven* y otros) pertenecen a un campo relativamente nuevo, que se apoya en herramientas de muchas disciplinas, desde las ciencias de la computación, la computación de alta *performance* (HPC), estadística, *machine learning*, bases de datos, analíticas y otras.

Podemos decir que la característica diferenciadora está en el encuadre interdisciplinario, con un foco central en proveer modelos efectivos para la toma de decisiones, y, en un contexto de negocio, implementarlas en un ambiente de producción.

El hecho de que el big data como disciplina sea relativamente nueva y que integre diversas técnicas se vuelve problemático cuando distintos actores —clientes, gerentes, arquitectos de datos, científicos de datos— tienen de manera implícita ideas incompatibles sobre lo que se puede lograr con su aplicación. Un cliente podría considerar que el *big data* simplemente aprovechará sus datos «como están», y por algún arte de magia estadístico, permitirá descubrimientos precisos. Otro podría esperar una suerte de consultoría estadística «glorificada» («simplemente ejecuta un test A/B, pero con *big data*»). Un tercer cliente podría requerir el diseño y desarrollo de toda una arquitectura que permita el manejo y explotación de los datos. Alguno más considerará que se trata de un tablero de control, solo que dependiendo de un cubo de información diferente. Estos son solo algunos de los escenarios posibles.

Dada esta miríada de posibilidades y expectativas, uno de los factores clave para el éxito del proyecto reside en tener una definición compartida sobre cuál es la expectativa del emprendimiento de *big data*, quién será el usuario final, qué decisiones o acciones se espera poder tomar y demás. Para esta definición de expectativas hace falta involucrar a actores más allá del cliente directo y los desarrolladores, dado que un proyecto de este estilo impactará necesariamente en la manera de operar e integrarse con otros sectores.

La omisión de objetivos comunes hará que la planificación tenga mayores dificultades, generará expectativas irreales o que no generen tracción de las partes implicadas, y los equipos involucrados pueden no tener el conjunto de conocimientos adecuados. Esa es una receta para la baja satisfacción.

El remedio de esta situación está en la articulación de una carta o constitución del proyecto donde se describan a alto nivel estos entendimientos. Este escrito no es relevante en sí mismo, sino un conducto, dado que el ejercicio de tener que exponer las ideas individuales y llegar a un acuerdo mejorará las posibilidades de éxito del proyecto.

6.2. «Inteligente» tiene diferentes significados

Uno de los primeros términos que necesita claridad al comienzo de un proyecto es el adjetivo «inteligente», muy utilizado en las iniciativas relacionadas con *data science*, aunque aplicadas a todo el universo de *big data* en general. Es bastante común que un cliente tenga la intención de montar un «sistema inteligente», a la expectativa de que ello mejorará su experiencia o capacidades de negocio, aunque como una promesa implícita, sin un método determinado.

Para poder zanjar esta dificultad, debemos entender el contexto específico en el que nos estamos manejando. La manera de hacerlo es suscribiendo el ámbito técnico como aquel relacionado con los aspectos del procesamiento de datos para la toma de decisiones, y el uso coloquial como el no técnico.

Si bien existen muchos otros ámbitos con una definición técnica de inteligencia (como la psicología, pedagogía u otros), a efectos del presente trabajo ellos representan el ámbito no técnico.

En el contexto no técnico, entonces, la inteligencia estará relacionada seguramente con la capacidad de incorporar información contextual frente a la recepción de indicaciones incompletas, agregando de esta manera una interpretación contextual, una dimensión intencional, o una adaptabilidad a casos singulares sobre los cuales extrapolar las decisiones o aprendizajes basados en casos de naturaleza diferente.

Nuestro escenario del peor caso consiste entonces en que el cliente, equipo o *sponsor* tenga la idea de que un algoritmo inteligente logrará hurgar por medio de *inputs* diversos y complejos y descubrirá la respuesta a la pregunta de que la persona ni siquiera sabía que quería plantearse. Evidentemente ese algoritmo debería entender a su interlocutor mejor que él mismo...

Esta caja negra mágica no existe. La «inteligencia» entendida de ese modo se relaciona con la *inteligencia general artificial* o con lo que se entiende como *inteligencia artificial fuerte*. Las mejores aproximaciones a este tipo de comportamientos se consiguen mediante arreglos o redes de módulos «no tan inteligentes» en sentido coloquial, pero sí inteligentes en el sentido técnico.

Para el contexto de *data driven*, un método inteligente se refiere a una lógica altamente especializada, la cual ejecuta una tarea muy específica dada una cantidad de datos requerida. El tipo de tarea específica podría englobarse, con algunas libertades, en la capacidad de encontrar patrones complejos en una masa de datos con la especificación del tipo de relaciones atómicas que se pueden identificar, desde relaciones lineales, o puntos de quiebre en los métodos más transparentes, hasta el tipo de procesos no lineales que se pueden conjugar en métodos más opacos como las redes neuronales. Particularmente, las redes neuronales pueden entenderse como un gran arreglo de métodos no lineales más simples y específicos.

Con respecto al hecho de subsanar el entendimiento grupal de la inteligencia «punta a punta» del sistema, resulta útil pensar en términos de cuál es el proceso atómico puntual que se realiza en cada nodo del arreglo y pensar en la inteligencia como la propiedad emergente de este sistema.

6.3. El valor de un proceso puede no estar en su resultado primario

Los proyectos de datos deben comenzar con una pregunta u objetivo a resolver, no con una selección de técnicas o tecnologías. Esta cuestión a resolver y cómo planeamos utilizar el conocimiento descubierto es lo que impulsa la elección de métodos y armado del *pipeline* analítico.

Una característica relevante de los métodos y herramientas que podemos utilizar radica en su estructura. Es decir, una gran cantidad de los métodos disponibles poseen una lógica interna en su detección de patrones que es tan explotable como el resultado de aplicar esos métodos ya entrenados.

Sean los coeficientes en una regresión, el orden y los valores de corte en un árbol de decisión, la jerarquía de variables en un *random forest*, el valor del centroide o medoide en un k-medias, la composición de los autovectores en un PCA, la matriz de vectores de un word2vec o cualquier otra técnica, estos valores secundarios o estructurales nos permiten explotar la interpretación y pueden ser incluso más relevantes que la predicción o la clasificación puntual.

Al tener en cuenta de qué manera obtendremos el resultado que el cliente busca, podremos escoger mejor los métodos y el costo/beneficio de nuestras decisiones de diseño.

Por ejemplo, el cliente podría estar interesado en las explicaciones causales o en la predicción puntual. La utilidad del modelo puede estar en entender el impacto de una variable (siendo mucho más simple en una regresión lineal que en una red neuronal), explicar un evento pasado en lugar de intentar predecir uno futuro (siendo que las condiciones exactas solo se conocen para el pasado, permitiendo incorporar factores no utilizables para predicciones), o determinar la importancia relativa de diferentes factores (relativamente fácil en árboles de decisión, debatible en regresiones, bastante complejo en redes neuronales o SVM).

Comprendiendo esto, podemos utilizarlo para apalancarnos en nuestra definición del problema, e incluso proveer guía a nuestro interlocutor, quien puede expresar su necesidad de manera incompleta o difusa. Por ejemplo, podría estar interesado en predecir la probabilidad de compra de un determinado cliente, cuando en realidad la respuesta que busca está en porqué un determinado grupo de clientes tiene menor propensión a la compra, o qué acción podría tomar para aumentarla.

6.4. La complejidad: un espejismo seductor

El peor resultado posible al intentar generar un modelo no es no poder encontrar uno adecuado, sino generar uno que se cree adecuado cuando en realidad no lo es. La sobreingeniería esconde dentro de sí un costo mayor que el del tiempo y el esfuerzo innecesario que fue invertido.

Por el contrario, el mejor modelo es aquel que es tan simple como se pueda, dado que obtiene los resultados requeridos.

La navaja de Occam mantiene su relevancia en las ontologías generadas al modelar. Visto desde otra perspectiva, se podría proponer como lema que, dado un objetivo determinado, lo que debe primar es el criterio de suficiencia antes que el de optimalidad.

Esto no es novedoso desde el punto de vista estadístico, donde siempre se intenta balancear el grado de ajuste con los grados de libertad del modelo, aunque es algo que muchas veces se pierde de vista en la práctica de una implementación de *data science* o particularmente *machine learning*.

Existen casos donde tiene sentido agregar complejidad con tal de obtener una mejora marginal en un modelo, por ejemplo en pruebas de concepto, desarrollo de nuevas tecnologías o metodologías, o con motivos didácticos. Al momento de llevar a producción esas iniciativas, será requerido un trabajo de ingeniería sobre cómo replicar la solución con una simplicidad mayor.

Toda complejidad agregada más allá del punto de suficiencia es una bomba de tiempo, ya sea porque en teoría es una buena aproximación, porque «todo el mundo lo hace», o como alarde de capacidades analíticas.

Una mayor complejidad significa mayores grados de libertad, mayor riesgo de sobreajuste, probabilidad de consecuencias no buscadas, menos estabilidad, oportunidades de descubrimientos espurios, dificultad de mantenimiento, pérdida de explicabilidad, menor foco en consecuencias accionables, mayor dificultad de implementación, mayor procesamiento requerido y demás complicaciones operativas.

Posiblemente se consiga un agregado marginal de precisión, pero considerado contra todas las negativas, normalmente no resulta conveniente. Simple, entendible y robusto es hermoso.

Algo que muchas veces se pierde de vista y debe quedar claro en el grupo de trabajo es que una parte mayoritaria del tiempo de un *data scientist* en un proyecto cualquiera está dedicado a la obtención de datos limpios (obtener las fuentes, limpiar los datos, hacer las preguntas adecuadas, obtener los datos adecuados) y a la comunicación y reproducibilidad (obtener las conclusiones correctas de una forma entendible y accionable). Si los datos tienen una calidad adecuada y el problema se plantea de la forma correcta, en la mayoría de los casos no hacen falta modelos complejos. Si un modelo parece ser más complejo de lo necesario, es posible que existan vicios ocultos en el esquema de proceso.

La contracara de «simple es hermoso» es que un proyecto de *data science* bien ejecutado, aun cuando sea dificultoso, parecerá, ante ojos ajenos, relativamente simple de ejecutar. Este problema de relaciones públicas ocurre, siendo difícil mostrar avances a clientes cuando la mayor parte del trabajo no parece ser impresionante.

6.5. Las métricas: caprichosas señoras

Para medir y entender qué tan bueno es un modelo o nuestros resultados, se requiere algún conjunto de métricas o indicadores de *performance*; no se puede mejorar aquello que no se mide.

La parte problemática aparece dado que no existe un faro único por el cual guiarnos. Existen algunas medidas típicas que son usadas comúnmente, como puede ser precisión, sensibilidad, F-score, área bajo la curva (ROC) para clasificación, error absoluto porcentual promedio (MAPE), raíz del promedio de los errores cuadrados (RMSE) para pronósticos, suma de errores cuadrados, silueta para agrupamiento, tan solo para nombrar algunos. Pero para un problema o decisión en particular hay muchas otras métricas que pueden ser más adecuadas.

Repetimos, «no se puede mejorar lo que no se mide». Pero medir no es un proceso pasivo, objetivo. Cada métrica no solo define un subconjunto o jerarquía de importancia en las dimensiones consideradas, lo que implica algún tipo de sentido de negocio o técnico, sino que cada métrica posee puntos ciegos, sesgos, incertidumbres.

Dado que la métrica determina el resultado, debemos ser cuidadosos para que lo que nosotros, o nuestro cliente, medimos realmente represente el sentido de negocio o importancia para el cliente. De hecho, el soporte para ayudar al cliente a entender los sesgos que una métrica cualquiera implica normalmente agrega mucho valor. La métrica seleccionada para el proceso como un todo debe considerar la estabilidad, representabilidad, precisión y demás características deseables.

Además, rara vez existe un único objetivo (tan raro como un cisne negro), ya que existe una jerarquía de objetivos a encontrarse en el foco del proyecto, y una diáspora de objetivos débilmente vinculados, aunque difusos e inconmensurados, como «resultados interpretables», «pocos parámetros para el usuario», «potenciable», «con facilidad para agregar nuevas características» y otros. En este punto se vincula con el apartado 6.3 de este capítulo.

6.6. Sin «un anillo para gobernarlos a todos»

Todos tienen un zona de confort, una herramientas de mayor confianza, una técnica preferida; todo profesional sabe que ninguna técnica será siempre la mejor opción para todo tipo de problemas. Cada situación es diferente y debemos usar nuestra habilidad y experiencia para elegir las mejores opciones, manteniéndonos conscientes el objetivo del proyecto.

Aun cuando la tarea a realizarse es la misma (o muy similar), la selección del mejor modelo depende también de los patrones en los datos ingresados y el objetivo buscado.

Más aún, un único modelo puede estar falto de potencia para la complejidad de una determinada tarea, y muchos modelos en conjunto (como ensamble, *bagging* o *boosting*) pueden producir un resultado más confiable. Particularmente, un proceso de modelos muy específicos para tareas muy específicas tendrán normalmente mejor desempeño que un único modelo más complejo. ¡Recordemos que *inteligente* en un contexto de *data science* significa «altamente específico»!

El famoso caso de la competencia de Netflix es uno en que se puede observar este fenómeno de ensamble de especificidades. Hay otros casos donde la complejidad puede ser muy funcional, como los *chatbots punta a punta* basados en un único ensamble de red neuronal recurrente, dando una experiencia muy natural aunque con menor granularidad del control. También existen modelos «de moda», como lo fueron los *random forest*, luego el XGBoost, hoy en día algunas arquitecturas de Deep Neural Networks.

Este hecho se observa muchas veces en la selección de tecnologías de bases de datos, donde se busca privilegiar la novedad de alguna base de datos NoSQL, o en la generación de arquitecturas de *streaming* en las que no existe un beneficio de la inmediatez dado que el ciclo de toma de datos tiene órdenes de magnitud mayor que la cadencia de los datos.

6.7. Uróboros: volviendo al comienzo

Todo proyecto tiene un ciclo de vida, con etapas encadenadas una a la otra en una progresión lógica. Distintos modelos de proceso (por ejemplo CRISP-DM, SEMMA, EA, SCRUM, KANBAN) consideran diferentes fases en el ciclo de vida del proyecto. No existe un estándar uniformemente adoptado, aunque las fases pueden considerarse como similares en los distintos esquemas. En pos de la simplicidad, busquemos discretizar las tareas, centradas en datos, en los siguientes siete pasos:

- definición de objetivos,
- obtención de datos,
- limpieza de datos,
- exploración de datos,
- ajuste de modelos, validación de comportamientos,
- comunicación de resultados,
- despliegue de modelos.

El progreso de un estadio al siguiente es rara vez (si es posible) directo, sino que es altamente iterativo. Casi cualquier estadio puede llevar al anterior, e incluso más, muchos de ellos pueden dirigir hacia el estadio inicial.

No obstante, «iterativo» no implica caótico; esquemas como el CRISP-DM (así sea más específico para *data science*) resultan muy útiles para planificar y organizar el trabajo, resultando conveniente para quienes gestionan estos proyectos, el estar familiarizado con los esquemas.

El progreso, en relación con los proyectos basados en datos, incluye refinar las preguntas e hipótesis originales tanto como obtener respuestas y funcionalidades implementadas. A medida que se obtienen nuevos *insights* en cada etapa, se deben revisar las motivaciones originales. El viejo refrán de la investigación de operaciones se mantiene vigente: tener la pregunta correcta equivale a la mitad de la respuesta. Y al final, aún luego de que se termine el proyecto, nuevas inquietudes y preguntas pueden aparecer del mismo uso de ese modelo.

6.8. El rol del antropoevangelista

Un ingeniero de datos, científico de datos o denominación aledaña no puede pretender que su cliente (interno o externo) conozca su campo de acción, cómo este puede ayudar a mejorar su negocio, o de qué manera se pueden formalizar sus problemas de forma matemática. Aunque el cliente tenga alguna experiencia con la ingeniería de datos, dada la novedad y diversidad del campo, el ingeniero no debe asumir nada sobre las expectativas e ideas del cliente. Más incluso, dada la complejidad de este tipo de proyectos y la necesidad de interactuar con otros miembros del equipo de diferente bagaje, no puede asumirse ningún conocimiento previo por su parte.

Especialmente con el crecimiento y reestablecimiento periódico del campo, el ingeniero de datos debe entender los problemas del cliente en el lenguaje del cliente y con la lógica de negocios del cliente; en otras palabras, el ingeniero de datos debe interpretar el rol del antropólogo, para conocer la cultura de su cliente desde adentro. Ante la inclusión de un analista de negocio en el equipo, ambos deben trabajar codo a codo —un buen analista de negocios recortará la paja y permitirá al ingeniero de datos concentrarse en el trigo.

Luego, usando su conocimiento especializado, el ingeniero de datos ideará una estrategia para resolver el problema. Con el plan definido, el ingeniero de datos necesita que el cliente y el equipo confíen en el mismo para darle fuerza, interpretando en este caso el rol de evangelista para dar a conocer la «buena noticia» sin que los miembros del público tengan que convertirse en expertos ellos mismos.

Si el ingeniero de datos falla en volverse el vínculo, la interfaz y el comunicador en estos proyectos, los mismos chocarán contra la pared del «¿y qué?» en lugar de dirigirlos por la deseada ruta del «¿y si entonces...?». Una «rata de laboratorio» puede progresar en una organización donde otros tomen este rol, pero fallarán al intentar agregar valor en un negocio en el mundo real.

Resumen

¿Qué esperamos que te hayas llevado de este capítulo?

- Una noción sobre algunos conceptos y definiciones básicas propias de proyectos de datos.
- Una receta de cómo identificar errores comunes.
- La comprensión del hecho de que es usual encontrarse con estos problemas, por lo que la actitud de mejora continua y de aprendizaje es el aliado ideal.

Capítulo 7

Rito de pasaje

Introducción

Más allá de una incursión exploratoria en el mundo del *big data*, y de si el motivo que la justifica es genuino o está basado en marketing o en un «entusiasmo generalizado», esos simientes generan un impacto a nivel local, ya sea en proyecto, área o producto. Es decir, en un entorno cercano al área de aplicación específica de la iniciativa.

La maduración ocurre en el momento en que es la organización la que sabe lidiar con datos y existe un uso estratégico en la operación cotidiana de los mismos.

En este capítulo asentaremos las bases de una organización madura en datos, cuya corona es la existencia de un rol legítimo del *chief data officer*.

7.1. Nos convertimos en expertos en datos

La definición de un grado de madurez no es tarea sencilla, ya que no consiste en una certificación o en un listado de puntos que debe cumplirse, sino en una manera de mantener y generar una conducta.

En este sentido no hablaremos tanto de reglas a cumplir, sino en el tipo de rasgos y características de las personas y organizaciones que pueden considerarse «adultas» en su gestión de datos.

Inicialmente describiremos rasgos de comportamiento específicos que hacen que un equipo pueda considerarse maduro, y cómo se integra con el resto de la organización.

Luego trataremos los elementos culturales que deben difundirse y adoptarse como norma general de funcionamiento en la organización de forma que se haga de esta madurez un elemento sostenible.

7.1.1. Diferencia entre entusiastas y expertos

La característica crítica que compone a una persona o equipo como expertos en la ingeniería de datos reside en una actividad no considerada típicamente «ingenieril»: la comunicación efectiva.

Esta es la característica «no técnica» por excelencia, y la que mayor impacto tiene en el éxito de cualquier iniciativa, asumiendo que el mínimo nivel de proficiencia técnica está presente y disponible. Pasado ese umbral, la comunicación es lo más cercano a una garantía de éxito o fracaso.

Podemos hablar de tres vertientes de la faceta comunicacional, diferenciándolas por la función u objetivo que persiguen, en creciente orden de complejidad y alcance:

- Interacción con otros miembros del equipo, u otros equipos, y coordinar tareas, expectativas y riesgos, de forma que se cree un engranaje funcional en las mayores iniciativas de la organización, y no una celda separada, cuyo producto sino podría ser ajeno a la organización, por lo que sería tratado con la misma desconfianza.

- Interfaz, siendo aquel con la capacidad de comunicarse con los distintos ejecutivos y usuarios en el idioma específico de su área de aplicación y con su lógica de negocio, abstrayéndolos de la implementación tecnológica. Muy asociado al rol de consultor, aunque tomado como un aspecto cotidiano de la definición de los motivos por los cuales se dispondrá de la técnica.

- Evangelización, actuando como agente de difusión del enfoque de ingeniería de datos, generando entusiasmo, dando pie a intuiciones o epifanías en usuarios finales potenciales y estableciendo el ligamento cultural que convierta el lenguaje específico del área en cotidiano.

Más allá del aspecto comunicacional, no podemos dejar de lado el desarrollo técnico, para el cual un buen marco de referencia con el cual entender la maduración se encuentra en charlas y seminarios como «The heart of agile»[Coc] de Alistar Cockburn, quien introdujo los conceptos en el desarrollo de software y su escala evolutiva doble[1]: por un lado, «shu», «ha» y «ri» como evolución incremental de complejidad y capacidades, y por otro «kokoro» como retorno despojado a la esencia.

Según este enfoque, el progreso técnico en su faceta continua tiene tres estadios:

[1]Ambos conceptos, «shu-ha-ri» y «kokoro» provienen de un contexto de artes marciales japonesas y la evolución del practicante gracias a ellos. Su significado no es el de la traducción literal, sino que está contextualizado en la disciplina propia de la práctica. Para una descripción más extensa puede consultarse [AR14].

- «shu - 守»: en esta etapa, se aprende mediante la ejecución precisa de instrucciones específicas. No se determina qué tarea debe realizarse, sino solamente la ejecución correcta de la misma. Es el estadio de un miembro nuevo, sin experiencia, en el equipo, mientras está siendo entrenado.

  En el caso del grupo completo o la organización, lo relevante en este estadio se refiere a las recetas encontradas o utilizadas. Cuando aún no se tiene un dominio de las tecnologías y las fases de un proyecto, se debe tener una observación diligente del *framework* que se esté utilizando, de las recomendaciones de origen de la tecnología, etc.

  Preferentemente en esta etapa se deben seleccionar proyectos que requieran de manera aislada una sola tecnología desconocida o, en el peor de los casos, solo un tipo de especiación. Es muy importante concentrarse en aprender y en utilizar de modo profundo las tecnologías en un dominio de aplicación bien estrecho, en lugar de intentar tener una idea «a vuelo de pájaro» de muchas tecnologías y especiaciones.

  La clave durante esta etapa es preguntarse cómo hacer que funcione la tecnología y el enfoque que se ha determinado, sin cuestionarlo.

- «ha - 破»: una vez se ha llegado a este estadio, lo que se inicia es la colección de técnicas en cuanto a su amplitud, ganando dominio sobre distintas tecnologías con alto grado de solapamiento. También se gana discernimiento sobre las fortalezas y debilidades de las tecnologías y los enfoques aprendidos en la etapa anterior. Se profundiza en los principios básicos de cada tecnología.

Este momento es apropiado para la búsqueda de distintas referencias y perspectivas, de forma que se incorporen las experiencias de otros desarrolladores a la propia práctica y abandonando el recurso primario de la tecnología en la cual se hizo un enfoque en la etapa anterior como solución apropiada para todos los problemas.

El nivel de desarrollo ya permite hacer una comparación razonada entre alternativas, así como la valoración sobre las áreas de injerencia ideales para cada una.

La clave en esta etapa se vuelve definir si tiene sentido la elección del enfoque, dado el conocimiento sobre el problema y su contexto.

- «ri - 離»: al llegar a este estadio, ya no se requiere la guía o instrucción de otros, sino que se aprende de la propia experiencia. El equipo está capacitado para hacer modificaciones en las tecnologías, adaptando los enfoques, recetas y recomendaciones según sea apropiado.

  El peligro de este caso radica en que se requiere de un alto grado de sofisticación para poder evaluar el propio nivel de desarrollo, de forma que no caigamos en un escenario de efecto de Dunning-Kruger [KD99].

  Una de las grandes dificultades de este estadio radica en la evanescencia de la lógica utilizada para definir cada situación, debido a que el proceso se encuentra tan internalizado que no se pueden explicitar, *a priori*, los motivos de las decisiones.

  La manera en la cual una persona en este estadio de aprendizaje puede saltarse la «maldición del conocimiento» [Ken95] es por medio de las recetas, las cuales ya abandonó, de su primer estadio. Esto implica que ese grado de conocimiento no puede ser transmitido de forma directa, sino que debe generarse en cada individuo gracias a la experiencia.

Estos estadios se pueden entender de forma progresiva, donde la maduración en cada uno de ellos lleva finalmente al siguiente. La desventaja de esta progresión radica en un aumento de la complejidad hasta el punto que se pierde la posibilidad de comunicar de forma efectiva, tanto para la coordinación como para la enseñanza, los criterios y la lógica de las decisiones adoptadas. Es un camino que lleva hacia atractores[2] potencialmente aislantes cuando no se posee un elevado grado de sofisticación de la dimensión comunicacional.

Por el contrario, Cockburn propone un estadio disconexo de los nombrados anteriormente, despojado de la complejidad devenida de la sofisticación, en el cual se vuelve radicalmente a las bases, a la esencia, al «kokoro».

«Kokoro- 心», entendido en su contexto como el conjunto entre mente, corazón, esencia, y voluntad[3], propone una simplificación radical del contenido y la enseñanza, enfocándose en los conceptos básicos y en profundizar en su maestría, más que en todas las posibles técnicas elaboradas que se desprenden de ellos.

El primer componente de esta simplificación sería posterior a la etapa «ri», aunque no como una evolución, sino como un «abandono de la técnica para enfocarse en la esencia». Es decir, la técnica es percibida como un andamiaje transitorio

[2]En los sitemas dinámicos, se refiere a los valores numéricos a los cuales las variables tienden, en un set amplio de valores iniciales. Se puede consultar una referencia visual en [Boe16].

[3]La traducción literal es «corazón», pero el ideograma y el contexto asociado le otorgan un significado más complejo sin equivalencia directa en español.

que ya no cumple su función, dado que el dominio de los elementos básicos se ejecutan con maestría y se combinan con naturalidad. Quien se encuentra en este estadio se consideraría un «maestro».

Cockburn propone un segundo componente de esta simplificación, que es aplicada a su vez a la progresión del conocimiento en sí misma. En este componente, no se busca aprender más allá de una técnica fundamental. El camino a seguir consiste en concentrarse en los elementos básicos, y solo en ellos, hasta llegar a un grado de dominio donde cualquier técnica o aplicación resulta simple, si no trivial. Este camino es el del «discípulo».

Dado este contexto se puede comprender mejor la intención del presente libro, ya que pese a presentar tecnologías particulares considera fundamental entender las bases y los fundamentos, los cuales, una vez dominados, preparan para la ejecución de cualquier técnica.

7.1.2. Relacionándonos con los usuarios y *stakeholders*

Las organizaciones y usuarios finales, entendidos como sistemas complejos adaptativos, se decantan por costumbre hacia valores locales subóptimos de una métrica de potencial teórica de comportamiento, en ocasiones por la búsqueda de mejoras incrementales que los llevan a un *path-dependency*, e incluso a generar mecanismos de homeostasis comportamental, donde la misma estructura del sistema se resiste al cambio.

Debido a eso, todo proyecto de ingeniería de *big data* debe entenderse como un agente del cambio. Existen muchas teorías y encuadres sobre cómo conducir los mismos. Nosotros abogamos por un acercamiento más disruptivo.

Más allá de las etapas colaborativas pertinentes para generar una visión compartida del uso que se pretende dar a los datos, cómo afectar la toma de decisiones y los circuitos establecidos de retroalimentación para una evolución continua, debemos entender que las fuerzas institucionales atentarán, naturalmente, contra ese cambio. Y más cuanto mayor sea la diferencia con el nuevo esquema propuesto. Esta resistencia no será necesariamente intencional o consciente.

La mejor referencia sobre cómo proceder la encontramos entonces en una cita apócrifa, atribuida a Buckminster Fuller[4], que propone que no se cambia el funcionamiento de un sistema combatiéndolo, sino generando un nuevo sistema que vuelva obsoleto el anterior. La nueva alternativa, más eficiente y empoderadora[5], generará la tracción necesaria para torcer la inercia cultural, evitando el complejo proceso de gestión del cambio.

Quien esté llevando adelante la iniciativa de *big data* tendrá que actuar como referente del paradigma *data driven*, educando y evitando propuestas que no correspondan al mismo, en las cuales se encuentra, dentro de otros:

- Capa de generación de reportes estáticos sin control del usuario.
- Una aplicación que solamente muestre estadísticas de uso.

[4]La frase aparece frecuentemente atribuida a Fuller, incluso por parte del Buckminster Fuller Institute, aunque no se da cuenta sobre el origen de la misma.

[5]Anglicismo derivado de «empowerment», esto es, otorgar poder de decisión e independencia mayor respecto de la posición jerárquica inmediata superior.

- Analíticas de marketing digital que sean solamente descriptivas del embudo de conversión.
- Generación de logs ciegos.
- Colecciones de KPI que no puedan relacionarse con decisiones de negocio.
- Ausencia de registro de las decisiones y acciones tomadas en el pasado.

Cabe destacar que esto no significa que no haya manera de llevar adelante esas iniciativas de manera *data driven*, sino que la presencia de los elementos mencionados aumenta la probabilidad de que el proyecto sea una cáscara vacía del contenido buscado.

7.2. Pensamiento estratégico de datos

> Estrategia, para mí, cuando uno la reduce a sus principios fundamentales, es tres cosas. En primer lugar, es una *evaluación* de lo que se considera verdadero hoy. En segundo lugar, es una *predicción* de lo que se considera que será verdadero mañana. Y tercero, es una *decisión* de cómo se utilizarán los propios recursos dentro de un número de alternativas diferentes, basada en la predicción propia sobre lo que será verdadero, tal como dice Dan Wagner[6].

Teniendo en cuenta estos tres aspectos, entendemos cómo la evaluación sobre la situación actual es la piedra fundacional de

[6] Traducción y énfasis propios, sobre el original disponible en [McK].

la estrategia. El primer paso, entonces, consiste en asegurarse de que se registren todos los datos posibles.

Cabe aclarar que esto no implica un vicio de acumulación, sino que todo proceso, evento y decisión debe dejar un rastro consumible. De esta manera, posibilitamos la toma de decisiones basada en los mismos.

La contracara es que todo dato que no devengue en una decisión de negocio resulta espurio, con lo que se podría tener evidencia de una oportunidad no explotada, o tal vez de procesos redundantes e innecesarios.

Dada una masa suficiente de datos como para ser relevante, deja de ser trivial la percepción y el entendimiento de los mismos. Se requiere un conjunto de métricas y tableros de control que permitan interpretarlo y de esa manera hacer la evaluación correcta de la realidad.

Si estos análisis se realizan de modo centralizado, la interpretación será parcial por depender de una distancia grande entre el evaluador y la situación que genera los datos o las posibles decisiones asociadas. Aparece así la necesidad de poder descentralizar la analítica en la organización.

Finalmente, para toda decisión debería ser posible consultar un reporte que aporte la información necesaria. En este punto se detecta la mayor brecha entre las organizaciones que creen ser *data driven* por acumulación de algún tipo de datos, y aquellas que tienen la capacidad real.

La escala de una organización es muchas veces la causa de la fragmentación cultural en el uso y disponibilidad de datos. La cúspide de una organización que está preparada para pensar estratégicamente con datos es la creación de una plataforma para realización de analíticas en formato de autoservicio.

En este caso, el esfuerzo técnico se concentra en la creación de la infraestructura, ingesta de datos crudos, almacenamiento, puntos de acceso y herramientas para que cada área pueda utilizarlos de manera autónoma.

De esta manera se realiza la evaluación y predicción en cada nivel de agregación correspondiente a la escala en la cual cada área puede tomar decisiones.

Existe una dimensión más, que ya no depende de la iniciativa o infraestructura, y que es el aspecto cultural de cómo deben usarse los datos para hacer análisis de forma correcta, y es por ello que aparece como necesaria la figura del *chief data officer*.

7.2.1. El guardián y garante del enfoque *data driven*

El rol del *chief data officer* comienza a tomar sentido en las organizaciones a partir del momento en que se considera que no existe «un área dedicada a los datos», sino que este es un aspecto que cruza toda la organización.

Dentro de sus responsabilidades está la propiedad del «data ocean»[7], la infraestructura que la soporta, las políticas del gobierno del mismo, así como el fomento del uso de esos datos asistiendo a cada área a lograr su autonomía.

Su función más estratégica, sin embargo, radica en la maduración del concepto y uso de *analytics*. Dentro de las muchas acepciones que se encuentran para el mismo, el caso más apropiado para el rol surge de la filosofía peripatética, donde se postula que:

[7] No existe el término como tal, sino que es un juego conceptual con la agregación de los distintos «data lakes» que pudieran existir en la organización.

> La lógica trata o con las apariencias, siendo entonces llamada *dialéctica*, o con la verdad, y es entonces llamada *analítica*[8]

Es decir, es quien tiene la responsabilidad de marcar la visión sobre cuál es la manera en que se interpretan los datos para entender la realidad. Y su maduración tiene que ver no solo con el grado de sofisticación de un determinado análisis, sino principalmente con el potencial de acción sobre los mismos. Para ello tomaremos la siguiente escala:

- Descriptivo: consiste en la representación de los datos sobre la actualidad (o «la realidad») de un modo tal que se pueda entender la situación actual, aumentando o reduciendo el nivel de agregación y entendiendo la historia hasta ese presente. Se limita a «mostrar lo que es».

- Predictivo: utiliza los datos por medio de algún proceso matemático/estadístico para proveer una vista de cuál es la realidad esperada en un futuro, o cuál debería haber sido la realidad actual si determinadas condiciones hubiesen sido diferentes.

  Al tener la capacidad de generar futuros hipotéticos y medir su precisión, permite por un lado desglosar la relación entre las variables generadoras para ayudar a entender las relaciones de causalidad posibles y seleccionar los puntos de apalancamiento y control más adecuados, pero también permite la creación de escenarios, entendiendo el impacto de las distintas variables en los mismos, permitiendo una mejora en la toma de decisiones.

[8] Traducción propia basada en «Peripatetic philosophy» entrada en Lieber, Wigglesworth y Bradford 1832, pág. 22.

- Prescriptivo: con la capacidad de generar escenarios se puede desarrollar la comparación sistemática entre aquellos que difieren solo en las variables sobre las que se tiene control, de esa manera optimizando las decisiones y sugiriendo acciones de manera directa.

  También es posible la búsqueda del set de valores para las variables bajo nuestro control que nos permitirían mantener una situación estable dada la probabilidad de cambios importantes en variables que están fuera de nuestro control, es decir, aportar información sobre la robustez de nuestro camino de acción en un contexto de incertidumbre cuantificable.

- Asistido: al incorporar la cuarta especiación tecnológica de *big data*, la inteligencia artificial, se permite una nueva dimensión en el uso de los grados de sofisticación anteriores.

  Una inteligencia artificial es capaz de indicar al analista qué aspectos de un análisis descriptivo merecen atención, siendo por ser anómalos, cambios de tendencias, inestables, etc., potenciando de esa manera el valor obtenido del análisis descriptivo.

  También es capaz de realizar predicciones mejor informadas, más robustas y confiables, agregando valor en los dos grados siguientes.

  El impacto más transformador es en realidad el de la automatización, donde una inteligencia artificial toma control de varios de estos análisis y decisiones, alertando al analista o decisor solo en los casos donde la incertidumbre sobrepasa un cierto umbral, el riesgo de una decisión errónea es demasiado alto, o se requiere una trazabilidad sobre la responsabilidad de una decisión.

Resumen

¿Qué esperamos que te hayas llevado de este capítulo?

- Diferencias entre un experto y un entusiasta.
- El camino a seguir para convertirse en experto.
- Condiciones para generar un impacto efectivo para nuestros *stakeholders*.
- La relación entre estrategia y datos.
- El rol del *chief data officer*.

Parte III

Juntando bloques para construir castillos

Capítulo 8

Creando plataformas de datos

Introducción

En las dos partes anteriores del libro nos hemos introducido en el mundo de los datos e iniciado el proceso de pensar proyectos de *big data*. En esta tercera y última parte abordaremos las perspectivas prácticas de los proyectos de datos.

En este capítulo veremos cómo crear plataformas de datos, partiendo de las formas más efectivas de plantearlos, para luego adentrarnos en estrategias de implementación y alternativas de despliegue. Por último, analizaremos las diferentes distribuciones de Hadoop.

8.1. ¿Cómo plantear las plataformas?

Como vimos en los capítulos anteriores, la plataforma de datos es un concepto central de los proyectos de *big data*. Es por esto que definimos la plataforma como el centroide[1], porque es la pieza central de toda la arquitectura de datos, donde se almacenan los datos, donde se realiza el procesamiento y que constituye los cimientos sobre los que se construyen las aplicaciones que aportan valor de negocio mediante el aprovechamiento de estos datos. Es a partir de la construcción de la plataforma de datos que podemos lograr que todos los datos de la organización sean accesibles fácil y rápidamente . Esto último es fundamental para compañías que pretenden tomar decisiones basadas en datos.

A continuación presentamos los diferentes estadios de desarrollo de software que nos permitirán empezar a construir de forma ágil nuestras plataformas de datos y llevar adelante proyectos de *big data*.

8.1.1. Estadios de desarrollo

Existen tres estadios principales en un proceso de desarrollo de software, que pueden o no ser incrementales: la prueba de concepto, el prototipo, y el producto viable mínimo. Cada uno de estos estadios o técnicas posee sus particularidades, beneficios y limitaciones. El factor común a las tres técnicas es que, si se aplican de la forma correcta, permiten validar un producto de forma rápida y relativamente económica, además de tener otros valores agregados como permitir la evaluación temprana de ideas, facilitar el involucramiento de los clientes y demás partes interesadas (*stakeholder*).

Transitar uno o más de estos estadios nos ayudará a evitar errores comunes de los productos, desde la aparición de características defectuosas a la ausencia de nicho de mercado

[1] En matemáticas el centroide es el punto que define el centro geométrico de un objeto.

para el producto. La exploración y experimentación que podemos lograr a partir de estas técnicas nos generarán mejores resultados y nos permitirán llegar a crear productos que sean realmente valiosos para los usuarios.

Un problema que surge con frecuencia en el momento de lanzarnos a implementar estas técnicas es la falta de entendimiento de lo realmente implica cada una de ellas, lo que termina generando falsas expectativas, ya sea por subestimar o sobreestimar el alcance de cada una. Por ejemplo, se suele subestimar el valor de negocio de un MVP cuando se lo confunde con una prueba de concepto; así como se suele sobreestimar el alcance de los resultados de un prototipo cuando se lo confunde con un MVP.

A fin de evitar este problema, vamos a definir de forma breve pero concisa los dos nuevos estadios. Recordemos que el concepto de MVP ya fue tratado a lo largo del capítulo 5 y definido con detalle en la sección 5.2.

> Una prueba de concepto o *proof of concept* (POC) es un proyecto pequeño, normalmente de uso interno y no de cara al público, que se utiliza para verificar un concepto o una teoría que se puede lograr en el desarrollo.

Conceptos más avanzados —tales como «usabilidad»— no son tenidos en cuenta en el momento de crear pruebas de concepto. No solo porque son más demandantes en cuanto a tiempo de desarrollo sino porque pueden interferir en la evaluación del concepto que, a fin de cuentas, es el propósito de este estadio. Una POC no tiene por qué estar totalmente libre de errores o *bugs*, ni ser pensada sobre la base de entregables, sino demostrar la funcionalidad del concepto.

Una prueba de concepto es, por tanto, una demostración cuyo propósito es verificar la aplicabilidad de ciertos conceptos o teorías que tienen la potencialidad de ser aplicados en el mundo real. En algunos casos, una POC puede ser simplemente una investigación previa al inicio de un proyecto.

Como beneficio adicional, las pruebas de concepto permiten al equipo de desarrollo estimar con más precisión las *user stories* y juzgar de mejor manera el tiempo necesario para completarlas.

> Un prototipo de producto es un modelo funcional e interactivo del producto final. Normalmente un prototipo sirve para comunicar de forma temprana características de diseño y navegabilidad de una aplicación y así poder hacer más eficiente el proceso de desarrollo.

El desarrollo de un prototipo es un ejercicio evaluable que nos permite visualizar la forma en que funcionará el producto, demostrar los flujos de usuarios y a la vez dar detalles acerca del diseño visual del mismo. Al igual que en la prueba de concepto, se asume —y espera— que se cometan errores a lo largo del proceso. Es preferible descubrir los errores en esta etapa de prototipado para así poder reducir costos de cara al producto final, ya que es mucho más económico corregir y solucionar los problemas en estas etapas iniciales de la vida del producto. Vale la pena recordar que, a pesar de incluir ciertas funcionalidades, el prototipo no representa el final del proyecto ni un entregable del mismo.

Muchas veces nos encontramos en la disyuntiva de decidir si el camino correcto es crear una POC, un prototipo o un MVP, o una combinación de ellas. Teniendo en cuenta nuestra experiencia recomendamos, siempre que sea posible, transitar los tres estadios, ya que esto incrementará de forma considerable las posibilidades de que la idea del producto sea bien recibida por los usuarios y *stakeholders*.

Algo que no debemos perder de vista es que el tránsito por los tres estadios debe ser llevado a cabo de forma veloz. No olvidemos que estamos trabajando con metodologías ágiles, siguiendo las premisas de desarrollo rápido y *fail fast*. Mark Zuckerberg, creador de Facebook, hizo foco en este concepto de forma simple y directa en una entrevista en 2009: «*Move fast and break things. Unless you are breaking stuff, you are not moving fast enough.*»[2] [Blo].

En resumen, una POC nos sirve para demostrar que un producto puede ser llevado adelante y validar que «aquello que las personas necesitan» puede ser construido. El prototipo nos permite definir (y mostrar) cómo será en adelante el producto y, en caso de ser exitoso, permite lograr la tracción e inversiones suficientes para desarrollar el MVP. Finalmente, el producto viable mínimo es el que nos permite validar que «aquello que las personas necesitan» debe ser construido porque «las personas lo comprarán».

8.2. ¿Cómo implementarlas?

En la sección anterior hemos visto las técnicas que nos permiten llevar adelante el desarrollo de los proyectos de *big data*. En esta sección veremos diferentes arquetipos[3] de aplicaciones de *big data* que nos evitarán tener que empezar desde cero me-

[2]Traducción propia: «Muévete rápido y rompe cosas. Si no estás rompiendo cosas, es porque no te estás moviendo lo suficientemente rápido».

[3]Un arquetipo es un modelo o una abstracción fundamental de importancia crítica para el diseño de una arquitectura para el sistema objetivo. En otras palabras, ofrece una descripción de los elementos y el tipo de relación que tienen junto con el detalle de cómo pueden ser usados.

diante la reutilización y el aprovechamiento de arquitecturas que ya han sido probadas y validadas anteriormente.

Antes de adentrarnos en los arquetipos de *big data*, abordaremos de forma breve un ejemplo de implementación de proyectos de *big data* basado en un caso real. El objetivo de negocio del proyecto de ejemplo era optimizar un proceso logístico muy complejo de escala global, en el que intervenían diferentes actores tales como fábricas; transportistas internacionales, nacionales y locales; centros de distribución y de almacenamiento intermedio, y tiendas de diverso tamaño. Como es de esperarse, la interrelación entre todos estos actores es bastante caótica y depende de un gran número de variables de negocio.

Para llevar adelante el proyecto, lo primero que hicimos fue pensar los objetivos de negocio trabajando directamente con el cliente. Una vez cumplida dicha etapa, llevamos adelante el análisis de los estadios necesarios. Debido a que el desarrollo no se realizaba completamente desde cero, porque ya existía una solución logística previa, no fue necesario aplicar una POC. Sí se llevó adelante un muy breve prototipado y luego un MVP.

Si bien no hemos entrado en detalles de implementación, el objetivo del ejemplo es dar una idea de la forma en que se relacionan las soluciones y tecnologías de las diferentes especiaciones, perspectivas prácticas y etapas de la tubería de datos presentados en el capítulo 4, en los estadios de desarrollo ágil de las soluciones de las sección anterior.

En el capítulo 4 nos adentramos en la las diferentes especiaciones de *big data*, presentando diferentes herramientas y formas de procesamiento. De esas cuatro, dos tienen relación directa con los arquetipos que presentaremos a continuación: la segunda especiación, de procesamiento *batch* (sección 4.3.2), y la tercera, de procesamiento NRT (sección 4.3.3).

En las secciones siguiente presentaremos las arquitecturas lambda y kappa, sus características, diferencias y también el conjunto de tecnologías que se pueden utilizar para implementarlas.

8.2.1. Arquitectura lambda

A medida que las tecnologías de *big data* fueron madurando y se produjo el pasaje de la segunda a la tercera especiación, la idea de poder hacer un procesamiento cercano al tiempo real fue tomando cada vez más relevancia.

A lo largo de los últimos años se ha hablado —y discutido— mucho acerca de cuál sería la mejor forma de diseñar una arquitectura de procesamiento de datos en NRT. La mayor parte de los referentes del área están de acuerdo en que una arquitectura de este tipo tiene que ser escalable y tolerante a fallos a la vez, así como también debe permitir llevar a cabo tanto procesamientos en lotes como actualizaciones incrementales.

En el marco de esas discusiones Nathan Marz[4] propuso una solución que con el tiempo se convertiría en la base de lo que hoy conocemos como *arquitectura lambda*[5] [Mar].

En una arquitectura lambda, los datos de entrada son enviados en paralelo tanto a un sistema de procesamiento *offline* como a uno *online*. Ambas líneas de procesamiento ejecutan la misma lógica de negocio y vuelcan sus resultados en una capa de servicio. Las consultas realizadas desde sistemas de *back-end* se ejecutan sobre los datos disponibles en la capa de servicio, reconciliando los resultados producidos por ambas

[4] El creador de Apache Storm [Apai].

[5] Más información en http://lambda-architecture.net/.

líneas de ejecución. Este enfoque permite a las organizaciones adaptar de forma incremental sus infraestructuras para dar servicio a aplicaciones de tipo *nearline*[6] con una inversión relativamente baja [MW15].

Una arquitectura lambda[7] tiene tres capas principales: *batch*, *speed* y *serving*; tal y como se puede observar en el esquema de la figura 8.1.

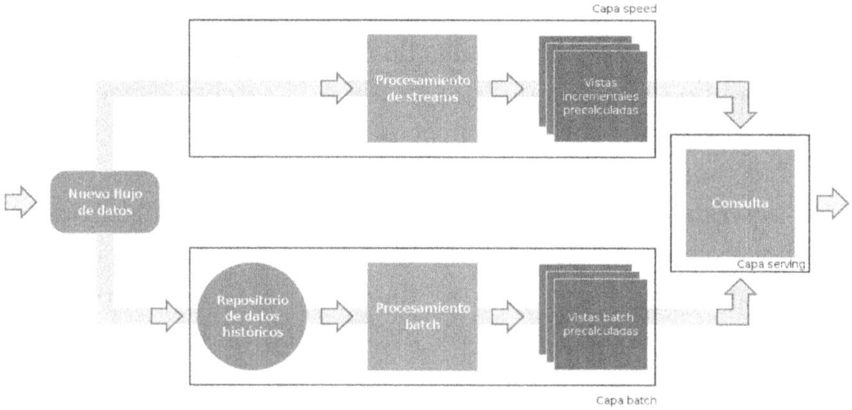

Figura 8.1. Esquema de una arquitectura lambda

La capa *batch* tiene como objetivos gestionar los datos históricos y recalcular los resultados cada vez que llegan nuevos datos. En resumen, la capa *batch* es la encargada de recibir los datos de entrada, combinarlos con los datos históricos y hacer el recálculo de los resultados a partir de la iteración sobre el nuevo conjunto de datos completo.

[6]Este término tiene su origen en la definición de sistema de almacenamiento, en los cuales se denomina *nearline storage* a aquellos que no están inmediatamente disponibles pero que pueden ser rápidamente puestos *online* sin la intervención humana.

[7]De ahora en adelante, y salvo en excepciones puntuales, dejaremos de utilizar el término «arquitectura» para referirnos a las arquitecturas lambda y kappa, a fin de evitar repeticiones del mismo.

La utilidad de la capa *speed* es proveer resultados con baja latencia, lo más cercanos al tiempo real como sea posible. Cuando llegan nuevos datos, esta capa aplica actualizaciones incrementales sobre los resultados provistos por la capa *batch*. De esta forma, valiéndose de los resultados ya calculados, el costo —y por tanto el tiempo— de procesamiento puede ser reducido.

Por último, pero no menos importante, la capa *serving* es la que permite realizar consultas sobre los resultados obtenidos a partir de las otras dos capas.

Tecnologías

Cada una de las capas de lambda puede ser implementada utilizando diferentes tecnologías de *big data*. Probablemente la que tiene menos opciones es la capa *batch*, ya que requiere de un sistema de almacenamiento distribuido de altas prestaciones. Sin lugar a dudas, el sistema de ficheros de Hadoop, HDFS, es la respuesta lógica a dicha problemática, pero no es la única opción, mientras que MapReduce puede ser utilizado para realizar el procesamiento y Apache Kafka [Apae] para la ingestión de datos.

La capa *serving* puede ser implementada utilizando bases de datos NoSQL, como por ejemplo Apache HBase. Mientras que las opciones más extendidas para la capa *speed* son las de la tercera especiación, sobre todo Apache Spark [Apah], Apache Storm [Apai] e incluso Apache Samza [Apag].

Otros proyectos con gran potencial de aplicabilidad en arquitecturas lambda, y que vale la pena seguir de cerca, son Apache Apex [Apaa], un motor de procesamiento unificado para *batch* y *streams*; y Apache Beam [Apab], que provee un modelo de programación unificado para *batch* y *streams*.

8.2.2. Arquitectura kappa

Pese a ser una gran solución técnica, la arquitectura lambda no está exenta de críticas, sobre todo por el nivel de trabajo adicional que puede implicar en términos de codificación y de mantener dos líneas separadas de procesamiento de datos. El artículo publicado por Jay Kreps en 2014 es quizás el mejor ejemplo de dichas críticas [Kreb]. Este articulo es, a su vez, el origen de la arquitectura kappa[8], que se propone como respuesta a las dificultades propias de la implementación de una arquitectura lambda por medio de la simplificación de la misma.

Como se ha comentado anteriormente, la principal motivación detrás del desarrollo de la arquitectura kappa fue evitar tener que mantener dos líneas de procesamiento diferentes, una para la capa *batch* y otra para la capa *speed*. La propuesta detrás de kappa es abordar tanto el procesamiento cercano al tiempo real y el procesamiento continuo de datos utilizando una única línea de procesamiento. Es por esto que la arquitectura kappa consta solo de dos capas, tal y como se observa en la figura 8.2: *stream processing* (o *real-time*) y *serving*.

La capa *stream processing* se encarga de las ejecuciones de trabajos en general, normalmente para dar soporte al procesamiento cercano al tiempo real. El reprocesamiento de datos se realiza solamente cuando se modifica el código fuente de los procesos. Por su parte, la capa *serving* tiene la misma funcionalidad que en la arquitectura lambda: permitir la consulta de los resultados.

Un punto importante a tener en cuenta es que la arquitectura kappa no fue pensada como un reemplazo completo de lambda. De hecho, existen algunas situaciones y casos de

[8]Más información en http://www.kappa-architecture.com/.

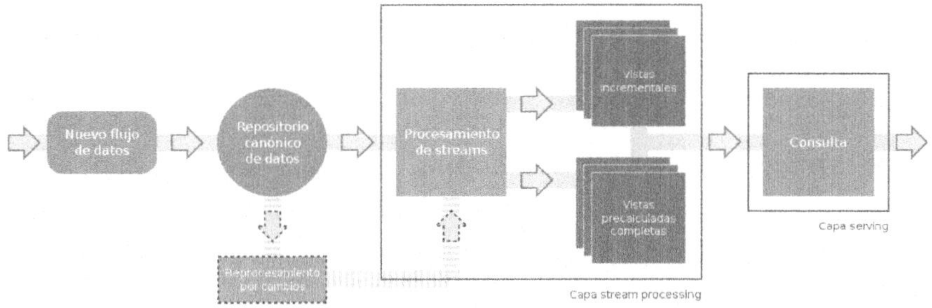

Figura 8.2. Esquema de una arquitectura Kappa

uso en los cuales no es posible o eficiente aplicar una solución kappa, como por ejemplo cuando no se pueden unificar las capas de procesamiento *batch* y NRT. En dichas situaciones, la arquitectura lambda lleva la delantera [For].

Así como en su momento lambda fue cuestionada por Kreps, su propuesta, kappa, también está empezando a tener críticas del mismo estilo. La principal crítica es que kappa no puede ser aplicada como una solución general sino que está pensada principalmente para procesar *logs* debido a su origen en los centros de ingeniería de LinkedIn[9] [Seg].

Una tercera variante denominada «liquid» ha surgido en los últimos años como alternativa a las arquitecturas lambda y kappa. El principal objetivo de esta propuesta es brindar una alternativa a las organizaciones para desarrollar aplicaciones de procesamiento e integración masiva de datos de tipo *near-line* en *back-end* [FPK+15].

Tecnologías

Las arquitecturas lambda y kappa comparten la mayor parte de las tecnologías. De más está decir que en ambas propues-

[9]Sin ir más lejos, el *data store* canónico de la arquitectura kappa es un *log* inmutable que solo permite agregar registros al final del mismo.

tas las capas *serving* utilizan exactamente el mismo conjunto de soluciones. De forma similar, las tecnologías de la capa *streams* de lambda se corresponden ampliamente con la capa *stream processing* de kappa. La diferencia principal es la ausencia de sistemas de almacenamiento propio de la capa *batch*, ya que en caso de necesitarse una nueva copia de los datos se la adquiere directamente del sistema de almacenamiento canónico (normalmente un *log* inmutable)[10]. A su vez, esto impacta en las tecnologías utilizadas para persistir los datos en la capa *serving*. Comúnmente se utilizan sistemas de persistencia en memoria o incluso soluciones de *full text search*.

Sin lugar a dudas, la tecnología más relacionada con la arquitectura kappa es Apache Samza [Apag][11], principalmente porque es la tecnología que utilizaron en LinkedIn para implementar kappa[12]. Otro de los *frameworks* de procesamientos de *streams* a tener en cuenta para las implementaciones de este tipo de arquitecturas es Apache Flink [Apac].

8.3. ¿Cómo desplegarlas?

Habiendo ya definido la arquitectura e identificado las tecnologías que utilizaremos, el siguiente paso es pensar cómo pondremos en producción la plataforma. Este paso implica pensar principalmente en dos puntos: si haremos un desplie-

[10]Esto no quiere decir que no se puede utilizar HDFS en kappa, sino simplemente que no se ejecuta el reprocesamiento sobre ese soporte [Kreb].

[11]Y por transitividad también Apache Kafka [Apae].

[12]Vale la pena recordar que Jay Kreps era *principal staff engineer* de LinkedIn al momento de idear la arquitectura kappa y que, a su vez, es uno de los autores originales de Kafka y Samza.

gue local o nos basaremos en soluciones en la nube (*cloud*) o si aplicaremos algún enfoque de virtualización.

A continuación abordaremos las estrategias de puesta en producción de la plataforma. Luego, en la sección 8.3.2 discutiremos sobre las diferentes distribuciones de Hadoop, presentando los pros y contras de cada opción.

8.3.1. Estrategias de puesta en producción

Durante los primeros años del auge del *big data* estaba prácticamente prohibido siquiera sugerir la opción de desplegar las plataformas de datos en la nube. Más por miedos —generalmente sin fundamento— que por verdaderas limitaciones técnicas, salvando contadas excepciones. Y sin siquiera importarles los costos considerablemente más elevados de las soluciones locales frente a la nube. Esta situación era muy común en sectores fuertemente auditados como el bancario, tradicionalmente reticentes a migrar a soluciones que no fueran *on-premise.*

Sin embargo, esto es algo que fue cambiando en los últimos tiempos, cuando se ha evidenciado una mayor apertura a considerar soluciones basadas en la nube. Muchos sectores pasaron de una postura en la que la primera respuesta al planteo de despliegue en entornos *cloud* era «de ninguna manera» hacia posturas considerablemente más abiertas tales como «muchos de los datos de nuestros clientes ya están en la nube de Salesforce» o «de todas formas nunca podremos alcanzar el mismo nivel de seguridad que Amazon o Google». Esto no quiere decir que las soluciones locales dejen de existir, para nada, sino que se evidencia una mayor apertura a soluciones en la nube, ya sea en *clouds* públicos como también en enfoques intermedios más conservadores como el despliegue sobre *clouds* privados.

Este cambio de postura tiene relación directa con la masificación de las soluciones de *big data* y con los grandes avances que ha hecho Amazon en lo que se refiere a penetración de mercado Amazon Web Services (AWS)[13]. Además de trabajar fuerte en pos de una efectiva comunicación de los beneficios y la reducción de costos de infraestructura que se pueden lograr al migrar hacia la nube.

En lo que se refiere a soluciones en la nube, existen tres jugadores principales: Amazon con AWS; Microsoft con Azure, y Google con Google Cloud Platform (GCP). Por tradición, AWS es la opción que cuenta con la mayor cuota de mercado y continúa impresionando con la amplitud y velocidad de desarrollo de sus productos, entre los que se destacan Elastic MapReduce [Amac], Kinesis [Amab] y Data Pipeline [Amaa]. Microsoft ha apostado decididamente por Azure[14], lo que les ha permitido crecer de forma considerable en los últimos tiempos, posicionándose como competencia directa de AWS en algunos aspectos. Dentro del porfolio de Microsoft destacan los productos de datos y análisis como HDInsight [Mica], y los servicios cognitivos y de inteligencia artificial como la *suite* de Machine Learning [Micb]. El tercer actor en discordia es Google, que pese a haber sido pionero en soluciones tecnológicas de *big data* no supo apostar por las soluciones en la nube en el momento oportuno. A pesar de esto, recientemente ha empezado a potenciar nuevamente GCP.

Otra temática relacionada, y que no debe ser pasada por alto, es la virtualización y contenedorización de recursos y he-

[13]Más información sobre las herramientas de *big data* de AWS en https://aws.amazon.com/big-data/.

[14]Más información en https://azure.microsoft.com/.

rramientas de *big data*. Más allá de que no es una estrategia tan orientada a la puesta en producción, sí es particularmente útil en los tres estadios de desarrollo presentados en la sección 8.1 por su reducido costo de adopción. Soluciones como Docker[15] han llegado para quedarse y tendrán un gran impacto en las plataformas de datos gracias a que permiten crear, lanzar y evaluar *software* de forma simple y sin la complejidad propia de las máquinas virtuales. En otras palabras, el enfoque de contenedorización permite reducir en gran medida el tiempo y la complejidad de desarrollo y comercialización de productos.

8.3.2. Distribuciones de Hadoop

Si bien Hadoop es un proyecto de código abierto de la Apache Software Foundation (ASF) y parte fundamental del movimiento de software libre, existen varias «distribuciones»[16] de Hadoop que están sostenidas o soportadas comercialmente por empresas privadas, instituciones educativas e incluso grandes corporaciones multinacionales.

Antes de adentrarnos en las distribuciones comerciales necesitamos responder a la pregunta inicial de «¿qué es exactamente una distribución?». El concepto de distribución tiene su origen en la comunidad de desarrolladores del sistema operativo Linux[17], en el que cada distribución está compuesta —a grandes rasgos— por el núcleo Linux (*kernel*), las herramientas básicas del proyecto GNU[18] y diferentes conjuntos

[15] Más información en https://www.docker.com/.

[16] Coloquialmente se las conoce como *distros*.

[17] Más información en https://opensource.com/resources/what-is-linux y https://www.linux.org/.

[18] El proyecto GNU es una iniciativa masiva de colaboración para el desarrollo de software libre fundada por Richard Stallman en 1978. GNU

de paquetes de software. En otras palabras, una distribución es una versión personalizada de un sistema informático. En el caso de Linux es una versión personalizada de un sistema operativo, mientras que en el caso de Hadoop hace referencia a la versión personalizada del conjunto de herramientas que componen el ecosistema de Hadoop.

La versión de Hadoop provista por la ASF se conoce comúnmente como *vanilla*[19] por ser la versión base del software que no posee ningún tipo de personalización, en contraposición con las diferentes distribuciones que sí poseen diversos grados de personalizaciones. La principal ventaja de utilizar la versión *vanilla* de Hadoop es la libertad de poder disponer del código fuente de las herramientas, estudiar y modificar el comportamiento de los módulos en caso de que sea necesario, siempre que se respeten las condiciones de las correspondientes licencias de Apache[20]. La contrapartida es la falta de soporte corporativo, situación que muchas veces hace inviable su aplicación en entornos de producción de misión crítica, ya sea por los potenciales riesgos de encontrar fallos (*bugs*) o directamente porque las normativas de la empresa o regulaciones del sector (por ejemplo, el bancario) no permiten la utilización de soluciones de software que no posean soporte corporativo.

Teniendo en cuenta que la versión *vanilla* de Hadoop se puede descargar y utilizar de forma libre y gratuita ¿cuáles son las ventajas que ofrecen las distribuciones comerciales de Hadoop por encima de la versión de la ASF?

---

es un acrónimo recursivo cuyo significado es «GNU is Not Unix». Más información en https://www.gnu.org/.

[19]El uso del término *vanilla* para hacer referencia a la versión por defecto o base de un sistema, tiene su origen en el hecho de que el sabor de helado por defecto o *default* en los EE. UU. es la vainilla [Ray96].

[20]Más información en https://www.apache.org/licenses/.

- Facilidad de instalación. La mayor parte, si no todas, las distribuciones comerciales incluyen herramientas que simplifican el proceso de instalación del ecosistema Hadoop. Esto facilita y hace más eficiente la administración del sistema.

- Confiabilidad. Debido a su carácter comercial, las empresas responsables de las distribuciones de Hadoop aplican una serie de evaluaciones exhaustivas y hacen un gran esfuerzo por mantener altos estándares de calidad y estabilidad en los componentes. Estas empresas actúan rápidamente cuando se detecta un error o *bug* en el sistema.

- Integridad. La integración de las diferentes herramientas que componen el ecosistema de Hadoop no siempre se integran de forma simple y directa. Las empresas que proveen las distribuciones comerciales hacen especial énfasis en solucionar estos problemas a fin de lograr una completa interoperabilidad de los componentes.

- Predictibilidad. Las distribuciones comerciales tienen hojas de ruta de actualizaciones predefinidas (*release maps*. Esto permite tener visibilidad sobre el avance de la aplicación de nuevas funcionalidades y corrección de errores.

- Soporte. Esta es quizás la mayor de las ventajas de las distribuciones comerciales. La mayoría de las empresas proporcionan orientación y asistencia técnica a fin de facilitar a sus clientes la adopción de Hadoop, particularmente para su uso en aplicaciones de misión crítica.

El nivel de cobertura de cada uno de los puntos anteriores varía según la distribución que se elija. Algunas se orientan más a la facilidad de instalación, mientras que otras proveen un mejor servicio de asistencia técnica. Por esto mismo, no hay un ganador absoluto en el mercado de distribuciones de Hadoop. En su lugar, hay un grupo de proveedores competentes, pero apuntan y se desarrollan fuertemente diferentes puntos claves.

Existen dos grandes clasificaciones de distribuciones de Hadoop. Por un lado, se encuentran las que pueden ser desplegadas localmente sobre la infraestructura del cliente, o en un *cloud* privado o público, pero siempre siendo mantenido y administrado por los clientes. Por otro lado, están las distribuciones nativas de *clouds* públicos que los clientes no pueden ejecutar sobre su propia infraestructura de hardware, tales como Elastic MapReduce de Amazon Web Services [Amac], Azure HDInsight de Microsoft [Mica], o las Big Data Solutions de Google Cloud Platform [Goo].

Dentro del primer grupo de distribuciones, los líderes innegables son:

- Cloudera. Fue la primera compañía en proveer Hadoop como una solución comercial y, por tanto, mantiene la mayor participación de mercado y posición de liderazgo en muchos aspectos. La plataforma de Cloudera, CDH [Clo], integra Apache Hadoop con más de una docena de otros proyectos de código abierto y la herramienta de administración propietaria Cloudera Manager.

- Hortonworks. Ofrece como diferencial el ser una plataforma completamente *open source* y, por tanto, es uno de los mayores contribuidores de dicha comunidad y líderes en innovación. Todos los componentes de la HDP [Hor] son proyectos de la ASF. Estas cualidades lo han posicionado como uno de los mayores jugadores del mundo de *big data*, al punto de que tanto IBM como Amazon ofrecen la plataforma de Hortonworks como alternativa a sus propias distribuciones. Hortonworks también se ha convertido en el núcleo de la iniciativa de plataforma de datos abierta Open Data Platform initiative, ODPi[21]).

- MapR. Pese a ser la de menor participación en el mercado de las tres empresas, sigue siendo uno de los líderes natos. MapR es probablemente la empresa que más apostó por lograr el mejor balance posible entre alto rendimiento y facilidad de uso. Un claro ejemplo de esta estrategia es el desarrollo de su propio *filesystem*, pensado para reducir la complejidad de HDFS pero sin dejar de ser compatible con sus API. Adicionalmente, han desarrollado los módulos MapR-DB y MapR Streams, basados en las API de Apache HBase y Apache Kafka, respectivamente. Actualmente ofrecen como distribución la MapR Converged Data Platform [Map].

A estas tres empresas las siguen siguen de cerca —pero un escalón más abajo— IBM y Pivotal[22] [GY16].

Al final del día, la elección de qué distribución utilizar —incluyendo la versión *vanilla* como una opción totalmente válida— se tomará a partir de la ponderación de las diferentes ventajas y desventajas de cada distribución, del tipo de licencia que se utilice o se requiera en un proyecto, el nivel de soporte que se pretenda o se requiera y el modelo de costo de cada una de las opciones.

[21]Más información en https://www.odpi.org/.

[22]Pese a mantener una considerable cuota de mercado, recientemente Pivotal dejó de desarrollar su propia distribución de Hadoop.

Resumen

¿Qué esperamos que te hayas llevado de este capítulo?

- El entendimiento de los diferentes estadios de desarrollo ágil que se pueden aplicar en la construcción de una plataforma de datos.
- Un pantallazo general sobre las arquitecturas lambda y kappa.
- Una introducción a la discusión de despliegue local frente a las opciones en la nube y la virtualización.
- Una idea de cuáles son las principales distribuciones de Hadoop, sus pros y contras.

Capítulo 9

Caminando hacia la inteligencia artificial

Introducción

Otro de los temas resonantes en la actualidad en relación con la explotación de datos es el de la inteligencia artificial. Sobre este tema se publican demasiados grises y contradicciones, por lo que la intención de este capítulo es intentar desmitificar algunos conceptos básicos sobre cómo incorporar inteligencia artificial a nuestras organizaciones por medio de la explotación de los datos.

9.1. Conceptos básicos para un diálogo

Si los otros términos técnicos comentados en este libro fueron usados con demasiadas licencias poéticas, el uso de inteligencia artificial equivaldría a un tratado de poesía.

No pretendemos dar una definición taxativa del término, dado que dependiendo el área específica de conocimiento desde la cual se la aproxime existirán elementos técnicos muy característicos que deben tenerse en cuenta. En su lugar, haremos eco del enfoque «kokoro» de maduración para concentrarnos en los aspectos básicos que permitan al lector hacer una valoración contextual en cada caso.

Para ello, comenzaremos exponiendo lo evidente: definiendo el término por sus componentes, mediante conceptos asociados.

- Inteligencia: aprender, entender, razonar; «verdades», relaciones, datos, significado.
- Artificial: imitación, fabricado, generado intencionalmente.

Esencialmente, estamos hablando de metodologías y enfoques que nos permiten evidenciar un comportamiento que nos haga pensar que posee las características mencionadas. El grado del arte consiste en que esta impresión no se deba a un engaño astutamente programado, sino que sea un comportamiento de tipo emergente.

Dentro de las distintas posibilidades para intentar lograr esta inteligencia, los más populares actualmente se asocian con *machine learning* y *deep learning*. Esclareceremos esta relación en la figura 9.1.

Esta relación hace necesario que demos un abordaje breve de estos dos conceptos asociados.

Machine learning puede definirse de manera accesible con la definición de Samuel [Sam60], según la cual consiste en «[...] dar a las computadoras la habilidad de aprender sin ser programadas explícitamente».[1]

[1]Traducción propia basada en el original.

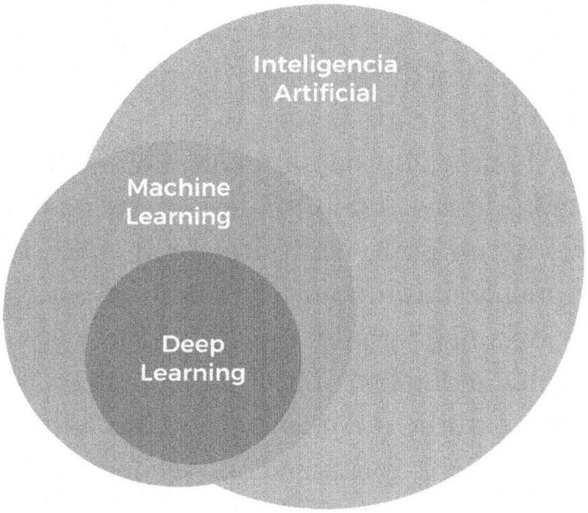

Figura 9.1. Relación entre inteligencia artificial, *machine learning* y *deep learning*

Es decir, no se programa la lógica de toma de decisiones, sino que esta es derivada, inferida, «aprendida», sobre la base de los datos utilizados.

Particularmente, los casos de mayor adopción actualmente son aquellos donde dado un *input*, se devuelve una respuesta sencilla donde se valora una probabilidad, un pronóstico, o una clasificación.

Si bien el enfoque corresponde al desarrollo de la inteligencia artificial, muchas de las técnicas utilizadas han sido desarrolladas de manera independiente por otras disciplinas, como la minería de datos, por lo que a nivel práctico, *machine learning* no se encuentra subsumido a la inteligencia artificial en su totalidad, aunque sí muy relacionado.

Deep learning es un término con muchas variaciones en su definición. Una buena base se encuentra en Deng y otros: «Una clase de técnicas de machine learning que explotan muchas capas [por eso *deep*] de procesamiento no lineal de la información, para extracción y transformación de características, análisis y clasificación de patrones, de modo supervisado o no supervisado» [DY⁺14, cap. 1, pág. 6].[2]

El modo de implementar el procesamiento no lineal más popular es la utilización de redes neuronales, en las cuales cada neurona es un nodo de un grafo computacional cuyo comportamiento está vagamente basado en una neurona biológica.

Particularmente, se puede ganar una intuición por asociación, considerando que «deep learning se encuentra en la intersección de las áreas de estudio de redes neuronales, inteligencia artificial, modelado gráfico, optimización, reconocimiento de patrones y procesado se señales». [DY⁺14, cap. 1, pág. 6][3]

Al incluir profundidad, se amplifica la capacidad de representar relaciones complejas, y al utilizar arquitecturas especializadas, como redes convolucionales para imágenes o redes recursivas para secuencias, se simplifica el espacio de soluciones a recorrer para lograr el aprendizaje requerido.

En la gran mayoría de casos donde se habla de la utilización de IA, actualmente se refiere a aplicaciones de modelos de *deep learning*.

9.2. Motivos que permiten la explosión de IA

Tanto el *machine learning* como la inteligencia artificial son temas de larga data de estudio. Sin intentar realizar una historia de los desarrollos, podemos decir que la disciplina ha pasado por varias etapas de impulso y declive, «veranos» e «inviernos», antes de la presente etapa de gran expansión.

[2]Traducción propia basada en el original.

[3]Traducción propia basada en el original.

En el presente se ha dado la confluencia de varios factores cuya interacción genera un círculo virtuoso. Los factores son los siguientes:

- *Big data*: al llegar a un estado de maduración suficiente, posibilita la ingesta, almacenamiento y proceso de las masas de datos requeridas para poder entrenar modelos de inteligencia artificial. Particularmente los modelos de *deep learning* son muy dependientes de volúmenes de datos poco estructurados, con lo cual sin una infraestructura que lo soporte, se vuelve inviable. La aplicación a escala de estos algoritmos también permite su ejecución masiva y en línea.

  Considerando la inteligencia artificial como la última especiación de las tecnologías de *big data*, estamos implícitamente afirmando que la inteligencia artificial, como la conocemos hoy, es un fruto primariamente de *big data*.

- *IaaS*: o *infraestructura como servicio* por sus siglas en inglés, es un tipo de ofrecimiento basado en la maduración de la «computación en la nube», donde uno puede acceder a instancias de máquinas virtuales con distintos tipos de componentes de memoria, almacenamiento y poder de procesamiento.

  El mercado competitivo de estos servicios llevan a que sean muy accesibles para empresas e individuos que no podrían justificar una inversión en hardware, configuración y mantenimiento necesarias para entrenar y ejecutar modelos de *deep learning*. Esta apertura de oportunidades atrae a su vez a muchos investigadores, desarrolladores y pequeñas empresas o emprendimientos, dándole vida a todo el ecosistema.

- *GPU y TPU*:[4] un cambio radical ocurrió en la primera década del presente siglo cuando se comenzó a estandarizar el uso de placas gráficas con GPU para aumentar el poder de cálculo de modelos matemáticos muy intensivos, aprovechando la especialización y el enfoque en rendimiento de estos chips por encima de la generalidad requerida en un CPU.

  La capacidad de cómputo y su accesibilidad y portabilidad aumentaron, permitiendo el entrenamiento de modelos más complejos en hardware más barato y en tiempos más cortos, aumentando las posibilidades de experimentar de los desarrolladores.

  Más recientemente, Google presentó su desarrollo de TPU, una especialización aún mayor que la de los GPU para operaciones matemáticas entre tensores.

- *Librerías de código abierto*: una de las dificultades típicas para experimentar con *deep learning* radica en que, más allá de ejemplos trivialmente básicos, el armado de las redes y los mecanismos para su entrenamiento en lenguajes de muy bajo nivel, para ser factibles, requieren un grado de sofisticación en las capacidades de programación no muy disponibles en el mercado. Los centros de investigación de las universidades eran los lugares donde se podían armar, desde cero, estos algoritmos.

  Al masificarse la posibilidad de utilizar código abierto, fueron apareciendo, colaborativamente, muchas librerías que permiten abstraer los temas más complejos del desarrollador y concentrarse en el proceso de datos.

[4]Unidad de Procesamiento de Gráficos y Unidad de Procesamiento de Tensores según sus siglas en inglés.

TensorFlow de Google, Torch de Facebook, CNTK de Microsoft y otros, con librerías en Python principalmente, pero luego con alguna adopción en otros lenguajes, abrieron las puertas a desarrolladores provenientes de diferentes ciencias duras pero sin tanta habilidad en programación para experimentar con estos algoritmos.

- *Disponibilidad de datos*: más allá de las infraestructuras de *big data* ya mencionadas, como contraparte de las librerías de código abierto, también comenzaron a disponibilizarse grandes masas de datos de relativa alta calidad sobre casos muy distintos de aplicación, permitiendo explorar distintas combinaciones de algoritmos, desarrollos propios, e independencia de los paquetes cerrados de las principales empresas.
- *Promesas cumplidas*: dentro del ciclo de inversión y expectativas, en este «verano» de IA, los resultados han estado a la altura, o sobrepasado, lo esperado. Grandes avances en el procesamiento de audio, vídeo y lenguaje natural han encontrado aplicaciones comerciales de manera muy natural en las empresas, con lo cual se ha invertido todavía más dinero.

La combinación de este círculo virtuoso con un mercado alcista hace que ninguna empresa quiera quedarse atrasada, propiciándole todavía más aceleración al ciclo.

9.3. Extrayendo valor de la «inteligencia»

Habiendo tratado los problemas de tener definiciones erróneas o exageradas de *inteligencia*, cabe ahora preguntarnos en qué áreas podemos aplicar efectivamente IA.

9.3.1. Iniciativas de alta factibilidad

El mayor éxito se ha conseguido recientemente en tres grandes áreas:

- Esclarecimiento de datos opacos como texto, imagen y sonido: la detección de patrones complejos de este tipo de datos solía requerir un gran esfuerzo manual por parte de personas entrenadas, por lo que los esfuerzos a gran escala normalmente no prosperaban. Las redes neuronales se han transformado en un vehículo para poder entender qué elementos se encuentran en ellos, con aplicaciones como pasaje de audio a texto y viceversa, etiquetado de imágenes, reconocimiento de caras, etc.

- Procesado del lenguaje natural: junto con la extracción de propiedades del texto, también se desarrollaron métodos muy poderosos para poder modelar secuencias y significados contextuales, representaciones densas y operables algebraicamente de estos contenidos y generación de textos de percepción muy natural a partir de estos *inputs*.

- Generación de identificadores: una de las fortalezas de *deep learning* es que la manera de representar las propiedades que buscamos identificar no necesita ser descrita *a priori*, como en métodos muy conocidos de procesamiento de imágenes y de señales, sino que estos identificadores son «aprendidos» durante el proceso. En muchos casos, estas capas de abstracción intermedia se aprovechan como producto final[5] y, en otros, permiten entender cómo y por qué se toman determinadas decisiones.

Esto significa que, a nivel técnico, las iniciativas que se apalanquen sobre estas dimensiones tendrán una alta probabilidad de conducir al éxito. Otras iniciativas más enfocadas en la toma de decisiones u otras más innovadoras tendrán que sortear un grado de incertidumbre mucho mayor, con la potencial recompensa asociada correspondiente.

9.3.2. Iniciativas de alto potencial

Por otro lado, de cómo se planea que el usuario final utilice esas nuevas capacidades dependerá la adopción del producto y sus capacidades. En este sentido, consideramos que para que una iniciativa de IA tenga futuro, debe involucrar al menos una de las siguientes tres áreas:

- Mejoras en la toma de decisiones: el esfuerzo cognitivo de tomar decisiones puede llevar a un estado de fatiga que dificulta la consideración objetiva de los distintos factores involucrados, reduciendo la confiabilidad de las propias decisiones. La manera de evitar esta situación es reduciendo el esfuerzo cognitivo requerido, ya sea aprendiendo de decisiones pasadas para exponer los elementos más relevantes al decisor, generando opciones con probabilidades de ser la decisión correcta, automatizando decisiones de bajo valor o riesgo, y otros.

[5] El proceso word2vec es un ejemplo de este caso, donde se intentan predecir las palabras que estarán en el entorno de un vocablo, pasando por una representación intermedia densa, y luego usando esta misma en lugar de la predicción para extraer significados semánticos latentes de las palabras.

- Guía para la búsqueda de *insights*: a mayor disponibilidad de información, también es mayor la probabilidad de resultar inundados por la misma y no lograr separar lo importante de lo accesorio, por lo tanto un sistema que ayude a resolver la cuestión de qué es interesante dado un set de datos, o qué aspectos deberían ser analizados, mejora la relación entre señal y ruido, potenciando el valor de la información.

- Resonador de identidad: la abundancia de información, avances en estudios de neurociencias cognitivas y dispositivos que permiten medir mejor cada microreacción de los usuarios permiten encontrar los mecanismos que cada individuo utiliza en sus interacciones con las distintas situaciones y tecnologías, permitiendo eliminar la fricción, y conseguir una personalización extrema a escala masiva. El mayor apalancamiento existe cuando se logra que la persona refuerce su sensación de identidad propia tras esta interacción, de la misma manera que una vibración externa puede magnificar la vibración de una onda.

Resumen

¿Qué esperamos que te hayas llevado de este capítulo?

- Ideas básicas de definiciones de IA.
- El ecosistema que posibilita la explosión actual de IA.
- Tipos de proyectos e iniciativas con alto potencial.

Capítulo 10

Al plató: interrogantes y temas a resolver

A lo largo del presente libro hemos intentado dar las bases, no solamente tecnológicas, sino también conceptuales, de enfoque, e incluso algunos alineamientos filosóficos para poder lidiar con la actualidad y el futuro desenvolvimiento de *big data.*

Consideramos necesaria esta convergencia de enfoques dado que, en definitiva, los elementos relacionados con *big data* trascienden al conjunto de condiciones históricas que llevaron al desarrollo de esas tecnologías, y de hecho trasciende a las tecnologías mismas, las cuales tendrán su ciclo, apogeo, decaimiento y reemplazo por otras. También trasciende a los productos de datos que se estén usando y desarrollando en la actualidad.

Big data es la encarnación del paradigma *data driven.* Es el conjunto de técnicas y métodos que permiten que el basamento en datos posea una identidad concreta.

10.1. Bifurcaciones y profundizaciones

Existen varios temas sobre los que no hemos profundizado. En algunos casos por no exceder el alcance pretendido del libro, en otros porque representaría una confusión en los detalles de lo que debe ser un entendimiento cabal, y en otros porque dependen de la orientación de preferencia del lector.

Uno de los casos donde el nivel de detalle se vuelve irrelevante es con la cantidad de tecnologías de *big data* que responden a alguna de las especiaciones presentadas y con enfoques marginalmente diferentes. El lector puede consultar las publicaciones en línea sobre los «mapas de tecnologías de *big data*» y constatar que listados de más de cien tecnologías diferentes no ayudan a diferenciarlas. Se deja como iniciativa al lector poder armar su propio ecosistema, teniendo en cuenta las grandes especiaciones, sus descripciones y las tecnologías más relevantes y fundacionales de cada una.

Tampoco delimitamos firmemente la frontera entre aspectos muy cercanos, como son el de arquitectura de *big data*, *pipeline* de datos, *business intelligence*, *reporting*, modelo productivo y otros. Esta decisión es adrede por dos motivos. El primero es que constituyen disciplinas que trabajan tan en conjunto que requieren de unos límites difusos para funcionar correctamente y para tener la flexibilidad de utilizar los recursos disponibles sin hacer escalar toda iniciativa a una reingeniería de toda la organización. El segundo es porque cada organización tendrá una estructura de responsabilidades definida de manera diferente, por lo que los límites deberán ser afectados en función de los mismos, siendo este aspecto uno de los cuales contribuye a la confusión entre los términos y sus malos usos.

En conclusión, entendemos que *big data* es un juego de equipo, donde se requiere la complementariedad de una multiplicidad de actores, los cuales a su vez necesitan tener una frontera de responsabilidad mínimamente difusa para garantizar la coordinación del equipo. De esta manera, un equipo prototipo se compondría de un especialista en ingeniería de sistemas, uno en modelado matemático y estadístico de los datos, un especialista en diseño de interacciones o *service designer*, y algunos otros, como una célula autónoma. Se deja al lector la manera de implementarlo en el contexto de su organización.

10.2. Cuestiones sin resolver

El último comentario del libro aborda temas de índole filosófico, político, moral o de la denominación que el lector prefiera. Se refiere a cómo las disrupciones tecnológicas centradas en datos nos obligan a replantearnos la manera en que entendemos elementos constitutivos de la realidad, cultura e idiosincracia, y que no pueden tener una solución tecnológica por estar insuficientemente definido y consensuado qué significaría tener una solución. Tanto en este caso como en el pasado, es posible que estos temas nunca se resuelvan, tanto porque los cambios culturales los lleven a la irrelevancia, como porque algún otro cambio tecnológico haga desaparecer el cuestionamiento.

Ética y privacidad

¿Hasta qué punto es ético el resguardo y la explotación de datos sobre las personas? ¿Existen datos que no deberían obtenerse? ¿Cómo se garantizan esas limitaciones?

El concepto de privacidad es relativamente moderno para la historia de la humanidad, pero aun así nos encontramos con las generaciones más jóvenes que consideran valioso, y hasta natural, exponer su privacidad para obtener alguna funcionalidad como acceso a una red social, una *app* o similares, sin sentirse invadidos.

Pero también existe el problema de que teniendo suficiente cantidad de información sobre una persona, sería posible en principio manipularlo más allá de su capacidad de control, y aún en un caso donde la intencionalidad buscada sea positiva, se ejerce una coerción invisible de indefinida cualidad ética.

Identidad y singularidad

Cuanto mayor es la masa de datos que tenemos sobre la población, existen más oportunidades de encontrar patrones determinantes y grupos de similaridad. También es posible, en principio y con suficiente profundidad de datos, predecir las acciones de una persona con alta precisión. Hasta aquí no hay alarmas.

¿Qué dice sobre nuestra individualidad que podamos encontrar muchas otras personas que se comportan exactamente igual que nosotros? ¿Qué se puede decir de la identidad, si todo aquello que nos podría caracterizar aparece también en incontables otros casos? ¿Qué podemos decir sobre nuestro libre albedrío si fuese posible predecir nuestras acciones perfectamente solo considerando datos de nuestro pasado?

Toda la noción de identidad propia se desmorona ante el practicismo de obtener los mismos resultados ignorando su existencia, y será necesario un marco filosófico que nos permita afirmarla y definirla de alguna manera, o desterrar el «yo» como concepto.

Por el momento solo podemos realizar conjeturas.

Seguridad nacional y fronteras

Cuando las decisiones más críticas tienen fuerte dependencia de los datos, pero por su masividad estos se encuentran «en la nube», tal vez incluso en otro país, ¿quién es dueño de los mismos? ¿Cómo se puede garantizar su integridad? ¿Sobre qué base se confía en entidades transnacionales para su salvaguarda? Estos datos no necesitan ser de carácter confidencial de un gobierno, sino tal vez simplemente información de altísimo detalle sobre la población de un país.

Se desdobla entonces la existencia de un país, siendo cada vez menos relevante la frontera física, y maximizándose la relevancia de la frontera de influencia, típicamente política y militar, y sumándose la frontera de acceso de agentes exteriores a los datos generados y almacenados en un continuo de países, como puede ocurrir con la replicación de una base de datos en distintos *datacenters* localizados en otros países.

Comoditización del mejor curso de acción

Finalmente, y bajo la hipótesis audaz de que el uso masivo de datos llevará a una optimalidad de las decisiones, aparece otro problema, el cual es la comoditización de las tecnologías, los datos, las técnicas y el paradigma basado en datos.

Podemos pensar un escenario donde la gran mayoría de datos requeridos para la toma de decisiones eficaz son obtenibles de fuentes públicas, por lo que la posesión de datos de alta calidad, hoy un diferenciador poderoso, se vuelve irrelevante.

En ese contexto, dado que todas las organizaciones tendrían la misma capacidad y acceso a la información, su uso pasa a ser un requerimiento básico, pero no un diferenciador.

La paradoja de este caso es que cuanto más difundido está el paradigma *data driven*, más relevante es la madurez y capacidad disruptiva como único diferenciador estratégico.

Resumen

¿Qué esperamos que te hayas llevado de este capítulo?

- Una idea global sobre *big data*.
- Temas y opciones sobre los que profundizar.
- Inicio de las discusiones abiertas de alto impacto social.

Bibliografía

[Amaa] Amazon: *Data Pipeline*. https://goo.gl/cCGHKL, [Fecha de consulta: julio 2017].

[Amab] Amazon: *Kinesis*. https://goo.gl/DszPMw, [Fecha de consulta: julio 2017].

[Amac] Amazon Web Services: *Amazon EMR*. https://aws.amazon.com/emr/, [Fecha de consulta: julio 2017].

[Apaa] Apache Software Foundation: *Apex*. http://apex.apache.org/, [Fecha de consulta: julio 2017].

[Apab] Apache Software Foundation: *Beam*. https://beam.apache.org/, [Fecha de consulta: julio 2017].

[Apac] Apache Software Foundation: *Flink*. https://flink.apache.org/, [Fecha de consulta: junio 2017].

[Apad] Apache Software Foundation: *Hadoop*. http://hadoop.apache.org/, [Fecha de consulta: junio de 2017].

[Apae] Apache Software Foundation: *Kafka*. https://kafka.apache.org/, [Fecha de consulta: junio 2017].

[Apaf] Apache Software Foundation: *Kudu*. https://kudu.apache.org/, [Fecha de consulta: junio 2017].

[Apag] Apache Software Foundation: *Samza*. https://goo.gl/SXvgsx, [Fecha de consulta: junio 2017].

[Apah] Apache Software Foundation: *Spark*. https://spark.apache.org/, [Fecha de consulta: junio de 2017].

[Apai] Apache Software Foundation: *Storm*. http://storm.apache.org/, [Fecha de consulta: junio de 2017].

[AR14] Ashmore, Sondra y Kristin Runyan: *Introduction to Agile Methods*. Pearson Education, 2014, ISBN 9780133435214.

[AXL+15] Armbrust, Michael, Reynold S Xin, Cheng Lian, Yin Huai, Davies Liu, Joseph K Bradley, Xiangrui Meng, Tomer Kaftan, Michael J Franklin, Ali Ghodsi *y cols.*: *Spark sql: Relational data processing in spark*. En *Proceedings of the 2015 ACM SIGMOD International Conference on Management of Data*, páginas 1383–1394. ACM, 2015.

[Bar] Barr, Jeff: *Amazon Athena – Interactive SQL Queries for Data in Amazon S3*. https://goo.gl/qoiGxP, [Fecha de publicación: noviembre 2016; fecha de consulta: junio 2017].

[Bec03] Beck, Kent: *Test-driven development: by example.* Addison-Wesley Professional, 2003, ISBN 978-0321146533.

[Ber12] Berman, Saul J.: *Digital transformation: opportunities to create new business models.* Strategy & Leadership, 40(2):16–24, 2012.

[Bie13] Biehn, Neil: *The Missing V's in Big Data: Viability and Value*, Mayo 2013. https://goo.gl/6LwUce, [Fecha de publicación: mayo 2013; fecha de consulta: junio 2017].

[Bla] Blank, Steve: *Perfection By Subtraction – The Minimum Feature Set.* https://goo.gl/vh1yjY, [Fecha de publicación: marzo 2010; fecha de consulta: julio 2017].

[Blo] Blodget, Henry: *Mark Zuckerberg On Innovation.* http://www.businessinsider.com/mark-zuckerberg-innovation-2009-10, [Fecha de publicación: octubre 2009; fecha de consulta: julio 2017].

[Boe16] Boeing, Geoff: *Visual analysis of nonlinear dynamical systems: Chaos, fractals, self-similarity and the limits of prediction.* Systems, 4(4):37, 2016.

[Bur06] Burrows, Mike: *The Chubby lock service for loosely-coupled distributed systems.* En *Proceedings of the 7th symposium on Operating systems design and implementation*, páginas 335–350. USENIX Association, 2006.

[CDE+13] Corbett, James C, Jeffrey Dean, Michael Epstein, Andrew Fikes, Christopher Frost, Jeffrey John Furman, Sanjay Ghemawat, Andrey Gubarev, Christopher Heiser, Peter Hochschild *y cols.*: *Spanner: Google's globally distributed database.* ACM Transactions on Computer Systems (TOCS), 31(3):8, 2013.

[CDG+08] Chang, Fay, Jeffrey Dean, Sanjay Ghemawat, Wilson C Hsieh, Deborah A Wallach, Mike Burrows, Tushar Chandra, Andrew Fikes y Robert E Gruber: *Bigtable: A distributed storage system for structured data.* ACM Transactions on Computer Systems (TOCS), 26(2):4, 2008.

[CKE+15] Carbone, Paris, Asterios Katsifodimos, Stephan Ewen, Volker Markl, Seif Haridi y Kostas Tzoumas: *Apache flink: Stream and batch processing in a single engine.* Bulletin of the IEEE Computer Society Technical Committee on Data Engineering, 36(4), 2015.

[Clo] Cloudera: *Cloudera CDH.* https://goo.gl/5HjJCd, [Fecha de consulta: julio 2017].

[CO04] Coyne, J. A. y H. A. Orr: *Speciation.* Sinauer, 2004, ISBN 9780878930890.

[Coc] Cockburn, Alistair: *The Heart of Agile.* http://alistair.cockburn.us/get/3645, [seminario; dictado en 2016].

[Com15] Commons, Wikimedia: *Archivo: Speciation modes-es.svg*, 2015. https://goo.gl/ZBSD1A, [Fecha de consulta: junio 2017].

[Coo06] Cook, Orator F: *Factors of species-formation.* Science, 23:506–507, 1906.

[Coo08] Cook, Orator F: *Evolution without isolation.* The American Naturalist, 42(503):727–731, 1908.

[Cor] Corporation, Pentaho: *Pentaho Data Integration.* http://www.pentaho.com/product/data-integration, [Fecha de consulta: junio 2017].

[Dav15] Davenport, Thomas H.: *5 Essential Principles for Understanding Analytics.* Harvard Business Review, 2015. https://hbr.org/2015/10/5-essential-principles-for-understanding-analytics, [Fecha de publicación: octubre 2015; fecha de consulta: julio 2017].

[DG04] Dean, Jeffrey y Sanjay Ghemawat: *MapReduce: Simplified Data Processing on Large Clusters.* En *Proceedings of the 6th Conference on Symposium on Opearting Systems Design & Implementation*, volumen 6 de *OSDI'04*, páginas 10–10, Berkeley, CA, USA, 2004. USENIX Association. https://goo.gl/qXrKMo.

[DG08] Dean, Jeffrey y Sanjay Ghemawat: *MapReduce: Simplified Data Processing on Large Clusters.* Commun. ACM, 51(1):107–113, Enero 2008, ISSN 0001-0782. https://goo.gl/J95V41.

[DSG04] Day, G.S., P. J. H. Schoemaker y R. E. Gunther: *Wharton on Managing Emerging Technologies.* Wiley, 2004, ISBN 9780471689393. https://goo.gl/17pnUj.

[Dut14] Dutcher, Jennifer: *What Is Big Data?* Berkeley School of Information, Septiembre 2014. https://datascience.berkeley.edu/what-is-big-data/, [Fecha de publicación: septiembre 2014; fecha de consulta: junio 2017].

[DY+14] Deng, Li, Dong Yu *y cols.*: *Deep learning: methods and applications*. Foundations and Trends in Signal Processing, 7(3–4):197–387, 2014.

[ELX+12] Engle, Cliff, Antonio Lupher, Reynold Xin, Matei Zaharia, Michael J Franklin, Scott Shenker y Ion Stoica: *Shark: fast data analysis using coarse-grained distributed memory*. En *Proceedings of the 2012 ACM SIGMOD International Conference on Management of Data*, páginas 689–692. ACM, 2012.

[Eva04] Evans, Eric: *Domain-driven design: tackling complexity in the heart of software*. Addison-Wesley Professional, 2004, ISBN 978-0321125217.

[Fir17] Firican, George: *The 10 Vs of Big Data*, Febrero 2017. https://upside.tdwi.org/Articles/2017/02/08/10-Vs-of-Big-Data.aspx, [Fecha de publicación: febrero 2017; fecha de consulta: junio 2017].

[Fly66] Flynn, Michael J: *Very high-speed computing systems*. Proceedings of the IEEE, 54(12):1901–1909, 1966.

[Fly72] Flynn, Michael J: *Some computer organizations and their effectiveness*. IEEE transactions on computers, 100(9):948–960, 1972.

[For] Forgeat, Julien: *Data processing architectures - Lambda and Kappa*. https://goo.gl/wCTkJh, [Fecha de publicación: noviembre 2015; fecha de consulta: julio 2017].

[For61] Forrester, J. W.: *Industrial Dynamics*. Wiley, 1961, ISBN 9781614275336.

[FPK+15] Fernandez, Raul Castro, Peter R Pietzuch, Jay Kreps, Neha Narkhede, Jun Rao, Joel Koshy, Dong Lin, Chris Riccomini y Guozhang Wang: *Liquid: Unifying Nearline and Offline Big Data Integration*. En *CIDR*, 2015.

[FR13] Fenn, Jackie y Mark Raskino: *Gartner's Hype Cycle Special Report for 2013*. techreport, Gartner, Inc, Agosto 2013. ID: G00255225.

[GGL03] Ghemawat, Sanjay, Howard Gobioff y Shun Tak Leung: *The Google file system*. En *ACM SIGOPS operating systems review*, volumen 37, páginas 29–43. ACM, 2003.

[GKK+12] Goodhope, Ken, Joel Koshy, Jay Kreps, Neha Narkhede, Richard Park, Jun Rao y Victor Yang Ye: *Building LinkedIn's Real-time Activity Data Pipeline*. IEEE Data Eng. Bull., 35(2):33–45, 2012.

[Goo] Google Cloud Platform: *Big Data Solutions*. https://cloud.google.com/products/big-data/, [Fecha de consulta: julio 2017].

[Gri13] Grimes, Seth: *Big Data: Avoid 'Wanna V' Confusion*, Agosto 2013. https://goo.gl/8p9Zqk, [Fecha de publicación: agosto 2013; fecha de consulta: junio 2017].

[GY16] Gualtieri, Mike y Noel Yuhanna: *The Forrester Wave: Big Data Hadoop Distributions, Q1 2016.* Informe técnico, Forrester Research, Inc., Enero 2016.

[HHPW12] Hardin, Maila, Daniel Hom, Ross Perez y Lori Williams: *¿Qué tabla o gráfico es el adecuado para usted?* Informe técnico, Tableau Software, Inc., 2012. Publicado orignalmente en inglés bajo el título «Which chart or graph is right for you?».

[HKJR10] Hunt, Patrick, Mahadev Konar, Flavio Paiva Junqueira y Benjamin Reed: *ZooKeeper: Wait-free Coordination for Internet-scale Systems.* En *USENIX annual technical conference*, volumen 8, página 9, 2010.

[HMS11] Herzberg, F., B. Mausner y B. B. Snyderman: *The Motivation to Work.* Organization and Business. Transaction Publishers, 2011, ISBN 9781412815543.

[Hor] Hortonworks: *Hortonworks Data Platform (HDP).* https://hortonworks.com/products/data-center/hdp/, [Fecha de consulta: julio 2017].

[IHB+12] Islam, Mohammad, Angelo K Huang, Mohamed Battisha, Michelle Chiang, Santhosh Srinivasan, Craig Peters, Andreas Neumann y Alejandro Abdelnur: *Oozie: towards a scalable workflow management system for hadoop.* En *Proceedings of the*

1st ACM SIGMOD Workshop on Scalable Workflow Execution Engines and Technologies, página 4. ACM, 2012.

[Jai16] Jain, Anil: *The 5 Vs of Big Data*, Septiembre 2016. https://www.ibm.com/blogs/watson-health/the-5-vs-of-big-data/, [Fecha de publicación: septiembre 2016; fecha de consulta: junio 2017].

[Jaq04] Jaques, E.: *La organización requerida*. Colección Master. Granica, 2004, ISBN 9789506414368.

[JS00] John, T. Jacob y Reuben Samuel: *Herd immunity and herd effect: new insights and definitions*. European Journal of Epidemiology, 16(7):601–606, 2000.

[KD99] Kruger, Justin y David Dunning: *Unskilled and unaware of it: how difficulties in recognizing one's own incompetence lead to inflated self-assessments*. Journal of personality and social psychology, 77(6):1121, 1999.

[Ken95] Kennedy, Jane: *Debiasing the curse of knowledge in audit judgment*. Accounting Review, páginas 249–273, 1995.

[Kha16] Khan, Shahyan: *Leadership in the digital age: A study on the effects of digitalisation on top management leadership*. Stockholm University, Faculty of Social Sciences, 2016. https://goo.gl/Yefijk, [Fecha de publicación: septiembre 2016; fecha de consulta: julio 2017].

[Kle17] Kleppmann, Martin: *Designing Data-Intensive Applications. The Big Ideas Behind Reliable, Scalable, and Maintainable Systems.* O'Reilly Media, first edición, 2017.

[KNR+11] Kreps, Jay, Neha Narkhede, Jun Rao *y cols.*: *Kafka: A distributed messaging system for log processing.* En *Proceedings of the NetDB*, páginas 1–7, 2011.

[Krea] Kreps, Jay: *Introducing Kafka Streams: Stream Processing Made Simple.* https://goo.gl/VQ9Fkq, [Fecha de publicación: marzo 2016; fecha de consulta: junio 2017].

[Kreb] Kreps, Jay: *Questioning the Lambda Architecture.* https://www.oreilly.com/ideas/questioning-the-lambda-architecture, [Fecha de publicación: julio 2014; fecha de consulta: julio 2017].

[Kro] Kromer, Tristan: *The Four Parts of a Minimum Viable Product.* https://grasshopperherder.com/the-four-parts-of-a-minimum-viable-product/, [Fecha de publicación: marzo 2014; fecha de consulta: julio 2017].

[Lan01] Laney, Doug: *3-D Data Management: Controlling Data Volume, Velocity and Variety.* techreport, META Group, Febrero 2001. https://goo.gl/vYp661, [Fecha de consulta: junio 2017].

[Lan12] Laney, Doug: *Deja VVVu: Others Claiming Gartner's Construct for Big Data*, Enero 2012.

https://goo.gl/5xCcDN, [Fecha de publicación: enero 2012; fecha de consulta: junio 2017].

[LM09] Lakshman, Avinash y Prashant Malik: *Cassandra: structured storage system on a p2p network*. En *Proceedings of the 28th ACM symposium on Principles of distributed computing*, páginas 5–5. ACM, 2009.

[Map] MapR Technologies: *MapR Converged Data Platform*. https://mapr.com/products/mapr-converged-data-platform/, [Fecha de consulta: junio 2017].

[Mar] Marz, Nathan: *How to beat the CAP theorem*. http://nathanmarz.com/blog/how-to-beat-the-cap-theorem.html, [Fecha de publicación: octubre 2011; fecha de consulta: julio 2017].

[McK] McKinsey: *The role of Expertise and Judgement in a data driven world*. https://goo.gl/LcS748, [entrevista online].

[Mea97] Meadows, Donella: *Places to Intervene in a System*. Whole Earth, 91(1):78–84, 1997. http://donellameadows.org/archives/leverage-points-places-to-intervene-in-a-system/.

[Mica] Microsoft: *Azure HDInsight*. https://goo.gl/HLdKat, [Fecha de consulta: julio 2017].

[Micb] Microsoft: *Machine Learning*. https://goo.gl/fT88e3, [Fecha de consulta: julio 2017].

[MW15] Marz, Nathan y James Warren: *Big Data: Principles and best practices of scalable realtime data systems.* Manning Publications Co., 2015.

[Nor] North, Dan: *Introducing BDD.* https://goo.gl/gxpGAQ, [Fecha de publicación: marzo 2006; fecha de consulta: julio 2017].

[ORS+08] Olston, Christopher, Benjamin Reed, Utkarsh Srivastava, Ravi Kumar y Andrew Tomkins: *Pig latin: a not-so-foreign language for data processing.* En *Proceedings of the 2008 ACM SIGMOD international conference on Management of data*, páginas 1099–1110. ACM, 2008.

[PA16] Pavlo, Andrew y Matthew Aslett: *What's Really New with NewSQL?* ACM SIGMOD Record, 45(2):45–55, 2016.

[Plo93] Plous, S.: *The Psychology of Judgment and Decision Making.* McGraw-Hill Education, 1993, ISBN 9780070504776.

[Pre13] Press, Gil: *A Very Short History Of Big Data*, Mayo 2013. https://www.forbes.com/sites/gilpress/2013/05/09/a-very-short-history-of-big-data, [Fecha de publicación: mayo 2013; fecha de consulta: junio 2017].

[Ray96] Raymond, Eric S: *The new hacker's dictionary.* Mit Press, 3rd edición, 1996, ISBN 978-0262680929.

[RBP+91] Rumbaugh, James, Michael Blaha, William Premerlani, Frederick Eddy, William E Lorensen *y cols.*: *Object-oriented modeling and design*, volumen 199. Prentice-hall Englewood Cliffs, NJ, 1991, ISBN 978-0136300540.

[Ric] Riccomini, Chris: *Apache Samza: LinkedIn's Real-time Stream Processing Framework.* https://goo.gl/54UVJq, [Fecha de publicación: septiembre 2013; fecha de consulta: junio 2017].

[Riea] Ries, Eric: *Ideas. Code. Data. Implement. Measure. Learn.* https://goo.gl/iHmDUr, [Fecha de publicación: septiembre 2008; fecha de consulta: julio 2017].

[Rieb] Ries, Eric: *Minimum Viable Product: a guide.* http://www.startuplessonslearned.com/2009/08/minimum-viable-product-guide.html, [Fecha de publicación: agosto de 2009; fecha de consulta: junio de 2017].

[Rie11] Ries, E.: *The Lean Startup: How Today's Entrepreneurs Use Continuous Innovation to Create Radically Successful Businesses.* The Lean Startup: How Today's Entrepreneurs Use Continuous Innovation to Create Radically Successful Businesses. Crown Business, 2011, ISBN 9780307887894.

[Sam60] Samuel, Arthur L: *Programming computers to play games.* Advances in Computers, 1:165–192, 1960.

[SdlV] Schneider, Sabina y Alejandro de la Viña: *Architecting and Structuring a Big Data Ecosystem.*

https://goo.gl/tF3LZu, [Fecha de publicación: febrero 2016; fecha de consulta: junio 2017].

[Seg] Segel, Michael: *The Trouble with Kappa Architecture.* https://www.linkedin.com/pulse/trouble-kappa-architecture-michael-segel, [Fecha de publicación: abril 2017; fecha de consulta: julio 2017].

[Sen07] Senge, P. M.: *La quinta disciplina: cómo impulsar el aprendizaje en la organizacion inteligente.* Management (Granica). Distal SRL, 9ª edición, 2007, ISBN 9789506414306.

[SSS+15] Saha, Bikas, Hitesh Shah, Siddharth Seth, Gopal Vijayaraghavan, Arun Murthy y Carlo Curino: *Apache tez: A unifying framework for modeling and building data processing applications.* En *Proceedings of the 2015 ACM SIGMOD international conference on Management of Data*, páginas 1357–1369. ACM, 2015.

[Tal08] Taleb, N. N.: *Fooled by Randomness: The Hidden Role of Chance in Life and in the Markets.* Incerto. Random House Publishing Group, 2008, ISBN 9781588367679.

[Tay] Taylor, Brian: *Apache Spark rises to become most active open source project in big data.* https://goo.gl/rvHgqV, [Fecha de publicación: febrero 2016; fecha de consulta: junio 2017].

[Tra] Traverso, Martin: *Presto: Interacting with petabytes of data at Facebook.* http://bit.ly/2y9IiDt, [Fecha de publicación: agosto 2014; fecha de consulta: junio 2017].

[TSJ+09] Thusoo, Ashish, Joydeep Sen Sarma, Namit Jain, Zheng Shao, Prasad Chakka, Suresh Anthony, Hao Liu, Pete Wyckoff y Raghotham Murthy: *Hive: a warehousing solution over a map-reduce framework*. Proceedings of the VLDB Endowment, 2(2):1626–1629, 2009.

[TTS+14] Toshniwal, Ankit, Siddarth Taneja, Amit Shukla, Karthik Ramasamy, Jignesh M Patel, Sanjeev Kulkarni, Jason Jackson, Krishna Gade, Maosong Fu, Jake Donham *y cols.*: *Storm@ twitter*. En *Proceedings of the 2014 ACM SIGMOD international conference on Management of data*, páginas 147–156. ACM, 2014.

[Tur17] Turck, Matt: *Firing on All Cylinders: The 2017 Big Data Landscape*, Abril 2017. http://mattturck.com/bigdata2017/, [Fecha de publicación: abril 2017; fecha de consulta: junio 2017].

[VMD+13] Vavilapalli, Vinod Kumar, Arun C. Murthy, Chris Douglas, Sharad Agarwal, Mahadev Konar, Robert Evans, Thomas Graves, Jason Lowe, Hitesh Shah, Siddharth Seth, Bikas Saha, Carlo Curino, Owen O'Malley, Sanjay Radia, Benjamin Reed y Eric Baldeschwieler: *Apache Hadoop YARN: Yet Another Resource Negotiator*. En *Proceedings of the 4th Annual Symposium on Cloud Computing*, SOCC '13, páginas 5:1–5:16, New York, NY, USA, 2013. ACM, ISBN 978-1-4503-2428-1. http://doi.acm.org/10.1145/2523616.2523633.

[XRZ+13] Xin, Reynold S, Josh Rosen, Matei Zaharia, Michael J Franklin, Scott Shenker y Ion Stoica: *Shark: SQL and rich analytics at scale.* En *Proceedings of the 2013 ACM SIGMOD International Conference on Management of data*, páginas 13–24. ACM, 2013.

[YC15] Yee, Stephanie y Tony Chu: *A visual introduction to machine learning*, 2015. http://bit.ly/1LRTlSi, [Fecha de consulta: junio 2017].

[ZCD+12] Zaharia, Matei, Mosharaf Chowdhury, Tathagata Das, Ankur Dave, Justin Ma, Murphy McCauly, Michael J. Franklin, Scott Shenker y Ion Stoica: *Resilient Distributed Datasets: A Fault-Tolerant Abstraction for In-Memory Cluster Computing.* En *Presented as part of the 9th USENIX Symposium on Networked Systems Design and Implementation (NSDI 12)*, páginas 15–28, San Jose, CA, 2012. USENIX, ISBN 978-931971-92-8. https://www.usenix.org/conference/nsdi12/technical-sessions/presentation/zaharia.

[ZCF+10] Zaharia, Matei, Mosharaf Chowdhury, Michael J Franklin, Scott Shenker y Ion Stoica: *Spark: Cluster Computing with Working Sets.* HotCloud, 10(10-10):95, 2010. http://people.csail.mit.edu/matei/papers/2010/hotcloud_spark.pdf.

Glosario

arquetipo Modelo o abstracción fundamental de importancia crítica para el diseño de una arquitectura para el sistema objetivo. En otras palabras, ofrecen una descripción de los elementos y del tipo de relación que tienen junto con el detalle de cómo pueden ser usados.

business intelligence También conocido como inteligencia de negocio o inteligencia empresarial, es un término amplio en el que se engloban aplicaciones y herramientas que permiten el acceso y análisis de la información con el fin de optimizar los procesos de tomas de decisiones.

Business to Business Modelo de negocio en el que las transacciones y demás operaciones económicas se producen entre dos empresas o de negocio a negocio. También denominado por el acrónimo B2B.

buzzword Palabra de origen inglés cuya traducción es 'término de moda'.

data driven Término de origen inglés que hace referencia a todo aquello orientado o impulsado por datos.

data engineering También utilizado como *big data engineering*, es un término amplio que relaciona diversas áreas o prácticas dentro de la ingeniería de datos, tales como la integración, arquitectura, ciencia y visualización de datos. Usualmente el ingeniero de datos recopila y recoge los datos, los almacena, los procesa y los dispone de forma que puedan ser consultados fácilmente. Vale remarcar que este término muchas veces se utiliza con otras acepciones, incluso para hacer referencia a arquitectos y científicos de datos.

data science Disciplina orientada a obtener conocimiento nuevo sobre las distintas masas de datos, ya sean preexistentes o generadas *ad-hoc*, basado en una combinación de técnicas estadísticas, matemáticas, de *machine learning*, programación, lenguaje natural y *expertise* de negocio. Campo multidisciplinario en el que se busca cerrar la brecha entre la información que se posee y la que se busca poseer, utilizando diferentes métodos predictivos, clasificadores, optimizadores y extractivos, con foco en su utilización en producción y decisiones de negocio.

ETL Acrónimo de *extract, transform and load.*

GNU Acrónimo recursivo cuyo significado es «*GNU is not unix*».

KPI Acrónimo de *key performance indicator*, o indicadores de rendimiento claves. Es decir, el conjunto de valores, mediciones, objetivos y sus combinaciones, que se utilizan para entender de manera agregada la situación de un sistema.

MVP Acrónimo de *minimum viable product.*

NRT Acrónimo de *near real time*.

pipeline Estructura de etapas de un proceso por el cual pasan los elementos, particularmente datos en el presente trabajo. El término se origina por alegoría a las cañerías de agua y a las distintas bifurcaciones, uniones, cambios de dirección y entradas y salidas de procesos puntuales, como filtros, calderas, conexión a red de agua, consumo, etc..

POC Acrónimo de *proof of concept*.

red neuronal Método general matemático compuesto por un grafo computacional acíclico en el cual los nodos realizan operaciones potencialmente no lineales sobre los *inputs*, ponderados por el valor de los bordes del grafo que conecta desde los nodos entrantes a un nodo particular, y cuya salida puede a su vez ser entrada de otros nodos. Está basado en un ensamble de elementos vagamente basados en una neurona biológica.

ROI Acrónimo de *return of investment*.

sprint Período de tiempo determinado durante el cual se debe completar y preparar para revisión un trabajo determinado.

streaming Conjunto de datos que se incrementan de forma constante a lo largo del tiempo.